4 TEXTBUCH

Erste Schritte in CHINESISCH

轻松学中文（课本）

VERSION MIT
VERKÜRZTEN
SCHRIFTZEICHEN

Yamin Ma
Xinying Li

北京语言大学出版社
BEIJING LANGUAGE AND CULTURE
UNIVERSITY PRESS

图书在版编目（CIP）数据

轻松学中文．课本．德文版．第4册 / 马亚敏，李欣颖编著．—北京：北京语言大学出版社，2013.1
ISBN 978-7-5619-3452-4

Ⅰ．①轻… Ⅱ．①马… ②李… Ⅲ．①汉语—对外汉语教学—教材 Ⅳ．①H195.4

中国版本图书馆CIP数据核字(2013)第015621号

书　　名　**轻松学中文．**课本．德文版．第4册
　　　　　QINGSONG XUE ZHONGWEN. KEBEN. DEWENBAN. DISICE
中文编辑　唐琪佳　李佳琳
德文编辑　陶红毅
德文翻译　朱锦岚
德文审定　Hanni Truong
美术策划　王　宇
封面设计　王　宇　王章定
版式设计　北京鑫联必升文化发展有限公司
责任印制　汪学发

出版发行　北京语言大学出版社
社　　址　北京市海淀区学院路15号　邮政编码：100083
网　　址　www.blcup.com
电　　话　编辑部 010-8230 3647
　　　　　发行部 010-8230 3650/3591/3651/3080
　　　　　读者服务部 010-8230 3653/3908
网上订购　010-8230 3668　service@blcup.com
印　　刷　北京联兴盛业印刷股份有限公司
经　　销　全国新华书店

版　　次　2013年4月第1版　　2013年4月第1次印刷
开　　本　889毫米×1194毫米　1/16　印张：11
字　　数　140千字
书　　号　ISBN 978-7-5619-3452-4/H·13003
　　　　　11800

Erste Schritte in Chinesisch (Textbuch 4)

Yamin Ma, Xinying Li

Verlagsredaktion　Qijia Tang, Jialin Li, Hongyi Tao
Übersetzer　Jinlan Zhu
Korrektur　Hanni Truong
Kunstdesigner　Arthur Y. Wang, Zhangding Wang
Grafikdesigner　Beijing Xinlianbisheng Cultural Development CO. ltd

Herausgegeben von
Beijing Language & Culture University Press
No.15 Xueyuan Road, Haidian District, Beijing, China 100083

Vertrieben durch
Beijing Language & Culture University Press
No.15 Xueyuan Road, Haidian District, Beijing, China 100083

Erste Auflage April 2013

Webseite: www.blcup.com

Danksagung

Viele Menschen haben uns bei der Veröffentlichung dieser Lehrwerkreihe geholfen. Unser besonderer Dank gilt hierbei:

- 戚德祥先生、张健女士 die auf unsere Erfahrung beim Lehren und Lernen der chinesischen Sprache vertrauten
- den Herausgebern 王亚莉女士、唐琪佳女士 für ihre sorgfältige Arbeit
- 朱锦岚女士 für ihre deutsche Übersetzung, 陶红毅女士, Frau Hanni Truong und Frau Annette Hillers-Chen für ihre sorgfältige Überprüfung
- dem Grafikdesigner 薛成先生 für ihr kunstvolles Design
- dem Kunstberater Arthur Y. Wang und den weiteren künstlern 陆颖、顾海燕、龚华伟、王净 für ihre kunstvollen Illustrationen
- und schließlich unseren Familienmitgliedern, die uns stets reichlich unterstützt haben.

EINFÜHRUNG

- Die Lehrwerkreihe *Erste Schritte in Chinesisch* umfasst insgesamt 8 Bände, die in drei Phasen gegliedert sind. Band 1 und 2 beschreiben die erste Phase, Band 3 bis 6 die zweite, Band 7 und 8 die dritte Phase. Die 8 Bände unserer Lehrwerkreihe sind konzipiert für Schüler der Grund- und Mittelstufe, die Chinesisch nicht als Muttersprache sprechen und somit keine Vorkenntnisse vorweisen. Hauptziel unserer Lehrwerkreihe ist es dabei, durch die Heranbildung eines Grundwortschatzes, durch die Vermittlung von Basiswissen der chinesischen Sprache, sowie durch die Schulung von Kommunikationsfertigkeiten, einen Grundstein für den Aufbau solider Chinesischkenntnisse zu legen. In dem holistischen Ansatz dieser Lehrwerkreihe, die ein besonderes Augenmerk auf die Schulung von Kommunikationsfähigkeiten wie Hör- und Leseverständnis, ebenso wie Sprech- und Schreibvermögen legt, werden Elemente wie Sprache, Kultur und Inhalt natürlich und stufenweise vereint.

- *Erste Schritte in Chinesisch* umfasst 8 farbige Textbücher, die jeweils mit einer CD, einem Arbeitsbuch, einem Lehrerhandbuch inklusive CD und Beispielklassenarbeiten ausgestattet sind. Textbuch 1-3 enthalten jeweils Bilderflashkarten, Vokabelflashkarten und Wandkarten.

简介

- 《轻松学中文》共八册，分为三个阶段。第一阶段为第一、二册；第二阶段为第三、四、五、六册；第三阶段为第七、八册。此套教材旨在帮助汉语为非母语的中、小学生奠定扎实的汉语学习基础。此目标是通过语言、话题和文化的自然结合，从词汇、汉语知识的学习及语言交流技能的培养两个方面来达到的。此套教材把汉语作为一个整体来教授，在教学过程中十分注重听、说、读、写四项交际技能的培养。

- 《轻松学中文》每册包括一本彩色课本（附一张CD），一本练习册，一本教师用书(附单元测验试卷及一张 CD)，1-3册还配有词语卡片、图卡和教学挂图。

AUFBAU DES KURSES

Der Lehrplan dieser Lehrwerkreihe bietet:

- **Einen Ausgleich zwischen authentischer und modifizierter Sprache**
  Alle mündlichen und schriftlichen Materialien wurden sorgfältig ausgesucht und den Lernniveaus der Schüler angepasst, sodass eine schrittweise Verbesserung der Zielsprache erreicht werden kann.

- **Einen Ausgleich zwischen sprachlichen und kulturellen Elementen**
  Diese Lehrwerkreihe bietet den Schülern eine Vielzahl an Möglichkeiten, Erfahrungen mit der chinesischen Sprache und Kultur zu sammeln, damit ein interkulturelles Bewusstsein ausgebildet und persönliche Erfahrungen angereichert werden können.

- **Einen Ausgleich von Sprachwissen und Kommunikationsfertigkeiten**
  Genaue Kenntnisse der Zielsprache sind nicht nur wichtig, vielmehr sind sie unabdingbar für den korrekten und flüssigen Gebrauch der chinesischen Sprache. Diese Lehrwerkreihe bindet das wissensbasierte Sprachenlernen in einen kommunikativen Kontext ein und erreicht auf diese Weise, mit der Steigerung des Wissens über die Sprache einhergehend, eine Verbesserung in der Sprachanwendung.

- **Einen Ausgleich zwischen freien und vorgegebenen Übungen**
  Diese Lehrwerkreihe ist im Hinblick auf Wortschatz, Themen und Textarten breit gefächert und bietet sich daher als Hauptlehrwerk an, das den unterschiedlichen Bedürfnissen von Schülern gerecht wird.

课程设计

本套教材的课程设计力图达到：

- 地道语言与调整语言的平衡
  为了使学生的汉语程度能循序渐进地提高，本套教材中的口语及书面语都经过严谨的选择，并作过适当的调整。

- 语言与文化的平衡
  为了培养学生的多元文化意识，丰富他们的经历，本套教材为学生接触汉语及中国文化提供了各种各样的机会。

- 语言知识与交际能力的平衡
  为了能在听、说、读、写四项技能方面准确并流利地运用汉语，学生对语言知识的掌握不仅是重要的，而且也是必要的。本套教材把语言知识的学习与语言技能的培养巧妙地结合在一起，力求使学生在增加汉语知识的同时提高运用语言的能力。

- 扩展与控制的平衡
  本套教材不仅可以作为汉语教学的“主

- **Einen Ausgleich zwischen mündlicher Rede und schriftlichem Ausdruck**
Diese Lehrwerkreihe strebt eine gleichzeitige Verbesserung der mündlichen und schriftlichen Chinesischkenntnisse an. Daher legt *Erste Schritte in Chinesisch* von Anfang bis Ende besonderen Wert auf die Ausbildung sowohl von Schreib- als auch von Kommunikationsfertigkeiten.

Inhalte dieser Lehrwerkreihe:

- Die Einführung des Pinyin ist einer der Schwerpunkte der ersten Lektionen. Um einen reibungslosen Übergang zu ermöglichen, wird das über den chinesischen Schriftzeichen eingefügte Pinyin allmählich entfernt.

- Chinesische Schriftzeichen werden systematisch nach dem Schriftzeichenbildungssystem gelehrt. Sobald die Schüler sicher mit Radikalen und einfachen Schriftzeichen umgehen können, werden sie in der Lage sein, die meisten Bestandteile eines zusammengesetzten Zeichens zu analysieren und sich so neue Zeichen logisch einzuprägen.

- Grammatik und Satzstrukturen werden in Anmerkungen erklärt. Sobald sich das Chinesischniveau durch kontinuierliches Lernen über die Jahre stetig verbessert hat, werden die Schüler in der Lage sein, Grammatik und Satzstrukturen sowohl in mündlichen als auch schriftlichen Kommunikationsformen korrekt anzuwenden.

- Der Umgang mit Wörterbüchern wird gelehrt, nachdem die Schüler Radikale und einfache Schriftzeichen gelernt haben. Um ein unabhängiges Lernen zu fördern, werden die Schüler stets dazu ermutigt, weitestgehend eigenständig im Wörterbuch nachzuschlagen.

- Die Computereingabe wird erst dann gelehrt, wenn die Schüler über grundlegende Chinesischkenntnisse verfügen.

- Hörverständnisübungen sind darauf ausgelegt, die Ausbildung von Heuristiken zum Erschließen von unbekannten Wörtern und Inhalten zu fördern.

- Sprechübungen sollen die Schüler zum Gebrauch des Chinesischen animieren, damit sie ihre Gedanken spontan und in realen Lebenssituationen akkurat und flüssig äußern können.

- Leseübungen: Durch das regelmäßige Lesen von einfachen Textpassagen, die an das Niveau der Schüler angepasst sind, werden Lesefähigkeiten trainiert und das Selbstvertrauen der Schüler aufgebaut. Anhand von Zeitungs-, Zeitschriften- oder Internetartikeln, können fortgeschrittene Chinesischlerner ihr Vokabular erweitern und sich mit aktuellen Themen in und über China vertraut machen.

- Schreibfähigkeiten werden allmählich durch einen begleiteten Schreibprozess aufgebaut. Unter der Aufsicht des Lehrenden werden die Schüler angehalten, sich schriftlich zu ihnen bekannten Themen zu äußern. Sobald die Schüler gelernt haben, ihre Gedanken zusammenhängend und logisch zu gliedern, angemessenes Vokabular zu verwenden, die

线”，而且所提供的大量词汇、话题及各式各样的文体还可满足不同水平学生的需要。

- “语”与“文”的平衡
本套教材力图使学生在口语及书面语两个方面同时提高。写作能力及口头交际能力的培养贯穿始终。

本套教材所包括的内容有：

- 拼音是初级阶段教学重点之一。附在汉字上面的拼音将逐渐取消以确保平稳过渡。

- 汉字是根据汉字的结构来教授的。学生一旦掌握了一定数量的偏旁部首和独体字，他们就有能力分析遇到的大部分合体字，并能有条理地记忆新汉字。

- 语法及句型是以注解的方式来解释的。经过几年有条不紊的学习，学生可望在口头及书面交流时运用正确的语法及复合句型。

- 查词典的技能是在学生学会了部分偏旁部首及独体字后才开始培养的。为了培养学生的独立学习能力，教师要经常鼓励学生自己查词典来完成某项功课。

- 打字技能的培养是在学生已经掌握了一些汉语基本知识后才开始的。

- 听力练习力图培养学生猜生词的意思及文章内容的能力。

- 口语练习设计旨在培养学生用准确、流利的汉语在现实生活中跟人即兴沟通、交流。

- 阅读练习旨在鼓励学生养成每天阅读简短篇章的习惯，从而帮助学生提高阅读能力，树立阅读信心。高年级阶段，学生可望读懂报纸、杂志及因特网上的简短文章，以便扩大词汇量，增加对现代中国的了解。

- 写作能力的培养需要一个长期的过程。学生先在教师的指导下写他们所熟悉的话题，直到能够运用适当的词汇、语句、体裁，有条理地、准确地、恰当地、有效地交流思想。

richtigen Satzstrukturen und Textgattungen auszuwählen, um verständlich, präzise und flüssig zu schreiben, werden ihnen die schriftlichen Aufgaben leichter fallen.

Schwerpunkte der verschiedenen Lernphasen:

- Phase 1 (Band 1 und 2): ◆ Pinyin ◆ Stricharten und Strichfolge ◆ Struktur chinesischer Schriftzeichen ◆ Nachzeichnen von Schriftzeichen ◆ Radikale und einfache Zeichen ◆ Umgang mit Wörterbüchern ◆ Computereingabe ◆ Hörverständnis ◆ mündlicher Ausdruck ◆ Leseverständnis ◆ Schreibfähigkeiten (begleitete schriftliche Übungsaufgaben von jeweils ca. 100 Schriftzeichen).

- Phase 2 (Band 3,4,5 und 6): ◆ Radikale und einfache Zeichen ◆ Bildung von Phrasen ◆ Erweiterung des Vokabulars ◆ einfache Grammatik- und Satzstrukturen ◆ Umgang mit Wörterbüchern ◆ Computereingabe ◆ chinesisches Unterrichtsvokabular ◆ Hörverständnis ◆ Leseverständnis ◆ mündlicher und schriftlicher Ausdruck (begleitete schriftliche Übungsaufgaben im Umfang von jeweils 100 - 300 Schriftzeichen) ◆ Auseinandersetzung mit dem modernen China und der chinesischen Kultur.

- Phase 3 (Band 7 und 8): ◆ chinesisches Unterrichtsvokabular ◆ Erweiterung des Vokabulars ◆ Grammatik und Satzstruktur ◆ Umgang mit Wörterbüchern ◆ Computereingabe ◆ interaktive Übungen zur Verbesserung des Hörverständnisses und des mündlichen Ausdrucks ◆ Leseübungen ◆ schriftlicher Ausdruck (selbstständig auszuführende schriftliche Übungsaufgaben im Umfang von jeweils 300 - 500 Schriftzeichen) ◆ zeitgenössische Themen: aktuelle Ereignisse aus aller Welt.

每个阶段的教学重点：

- 第一阶段（第一、二册）：◆ 拼音 ◆ 笔画和笔顺 ◆ 字形结构 ◆ 描红 ◆ 偏旁部首和独体字 ◆ 查词典 ◆ 打字 ◆ 听力 ◆ 口语 ◆ 阅读 ◆ 写作（100个字左右）

- 第二阶段（第三、四、五、六册）：◆ 偏旁部首和独体字 ◆ 词语构成 ◆ 词汇扩展 ◆ 语法及句型结构 ◆ 查词典 ◆ 打字 ◆ 课堂用语 ◆ 听力 ◆ 口语 ◆ 阅读 ◆ 写作(100–300字) ◆ 接触现代中国和中国文化

- 第三阶段（第七、八册）：◆ 课堂用语 ◆ 词汇扩展 ◆ 语法及句型结构 ◆ 查词典 ◆ 打字 ◆ 听力 ◆ 口语 ◆ 阅读 ◆ 独立写作(300–500字) ◆ 时事

KURSLÄNGE

- Diese Lehrwerkreihe ist ausgerichtet auf Schüler der Grund- und Sekundarstufe I (5., 6. und 7. Schuljahr), die Chinesisch nicht als Muttersprache sprechen und somit keine Vorkenntnisse vorweisen. Da das erste Buch mit der Vermittlung grundlegender Chinesischkenntnisse beginnt, werden keinerlei Vorkenntnisse vorausgesetzt.

- Die 8 Bände dieser Lehrwerkreihe sind aufeinander aufgebaut. Die Unterrichtsdauer eines Bandes ist bei 3 Wocheneinheiten zu je einer Stunde auf ein akademisches Jahr (2 Schulhalbjahre) ausgelegt, kann jedoch individuell an den Fortschritt der Schüler angepasst werden.

课程进度

- 本套教材为非华裔中、小学生编写。因为第一册从最基本的汉语知识教起，所以学生不需要有任何汉语知识背景。学生可以从小学五、六年级开始使用第一册，也可以从中学一年级开始使用第一册。

- 如果每星期上三节课，每节课在一小时左右，大部分学生可在一年之内学完一册。如果有些学生学得比较快，他们可以加快进度，不到一年就学完一册书。由于本套教材是连贯的，老师可以在任何时段内根据学生的水平来决定教学进度。

ZUR VERWENDUNG DIESES BUCHES

Hier sind einige Anregungen, wie dieses Buch verwendet werden kann:

Die Lehren sollten:

- die Schüler dazu anhalten, während der Hörverständnisübungen die Fragen erst zu lesen, bevor sie die Aufnahme anhören.
- die Wichtigkeit der einfachen Schriftzeichen betonen. Die Schüler sollten versuchen, alle zuvor vorgestellten einfachen Schriftzeichen auswendig zu lernen, da diese für das Erlernen der zusammengesetzten Schriftzeichen essentiell sind.
- die in den vorangegangenen Büchern vorgestellten Konzepte wie Vokabeln, Grammatik und Satzstrukturen wiederholen und die Schüler dazu ermutigen, sowohl im mündlichen als auch im schriftlichen Gebrauch, auf eine korrekte und funktionale Anwendung der Satzstrukturen und Grammatik sowie auf eine angemessene Vokabelwahl zu achten.
- flexibel von den Aktivitäten im Lehrbuch Gebrauch machen, die durch ihre sorgfältige Erarbeitung und Zusammenstellung den Schülern helfen sollen, Vokabeln, Grammatik und Satzstrukturen zu meistern.
- den Schülern regelmäßig Gelegenheit dazu geben, den Umgang mit Wörterbüchern und die Computereingabe zu üben.
- alle Möglichkeiten ausschöpfen, die Hör- und Sprechfertigkeiten der Schüler während der Unterrichtsstunden zu trainieren. Das Textbuch hält zum Erlernen des funktionalen Gebrauchs der chinesischen Sprache vielfältige authentische Situationen bereit, die dem Sprachniveau der Schüler angepasst werden können.
- die Übungen je nach Sprachniveau der Schüler auswählen, ändern oder erweitern. Text- und Arbeitsbuch bieten eine große Vielfalt an Übungen, die sowohl im Unterricht angewandt als auch als Hausaufgaben aufgegeben werden können.
- Texte und Hörübungen befinden sich auf der CD zu diesem Textbuch. Das angegebene Symbol bezeichnet die Tracknummer, z.B. bedeutet Track 1.

Yamin Ma
Hongkong, im Dezember 2012

怎样使用本册教材

以下是使用本册教材的一些教学建议，仅供教师参考。建议教师：

- 在做听力练习之前，先让学生看问题，然后再听录音。
- 注重独体字的掌握。教师应该要求学生记住以前学过的独体字，这样学生日后学合体字会觉得容易得多。
- 经常复习那些在前几册书中出现过的词汇、语法和句型。无论在口语还是书面语中，教师应该要求学生尽量用准确、恰当的词语、语法和句型来有效地与人沟通。
- 灵活地选用课本里的练习。这些练习的设计旨在帮助学生掌握词汇、语法和句型。
- 创造实践机会，提高学生查词典及打字的技能。
- 在课堂上尽量创造机会培养并提高学生的听、说能力。课本里不同类型、贴近现实生活的口语练习情景，可以根据学生的汉语水平作适当的调整。
- 根据学生的能力及水平挑选、修改或扩展某些练习。课本及练习册里的练习可以在课堂上做，也可以让学生带回家做。
- 每一课的课文、听力练习的录音都附在CD里。课本录音部分均附有标记和轨迹编号，例如，表示轨迹1。

马亚敏
2012年12月于香港

INHALTSVERZEICHNIS 目录

Einheit 1

Lektion 1 Das Aussehen 长相

Mache dich bereit Text 1

A Betrachte das Bilder rechts und beantworte die Fragen.

1. 她大概有多大？上几年级？
2. 她是哪国人？
3. 她长什么样儿？
4. 她长得好看吗？

B Höre die Aufnahme an und beantworte die Fragen. 01

1. 小琴是混血儿吗？
2. 她长得胖还是瘦？
3. 她的皮肤白吗？
4. 她喜欢做什么？
5. 她现在在哪儿上学？
6. 柳青和小琴什么时候见面？

Vokabeln

1. 混 (hùn) mischen
   混血儿 (hùn xuè ér) Mischling
2. 俩(倆) (liǎ) beide; zwei
3. 认(認) (rèn) erkennen; identifizieren
4. 识(識) (shí) wissen; kennen
   认识 (rèn shi) kennen; kennenlernen
5. 跟⋯一样 (gēn … yí yàng) so wie; gleich wie
6. 肤(膚) (fū) menschliche Haut
   皮肤 (pí fū) menschliche Haut
7. 笑 (xiào) lächeln; lachen
8. 逛 (guàng) bummeln; wandern
9. 街 (jiē) Straße
   逛街 (guàng jiē) einen Straßenbummel machen
10. 聊 (liáo) plaudern; sich unterhalten
    聊天儿 (liáo tiānr) plaudern; sich unterhalten

* 11. 只(祇) (zhǐ) nur; bloß; lediglich
    只有 (zhǐ yǒu) nur wenn,... dann; erst wenn... dann; nur unter der Voraussetzung, dass
12. 才(纔) (cái) *drückt aus, dass etwas nur unter einer bestimmten Voraussetzung passiert*

* 13. 发(發) (fā) senden; absenden
14. 电邮=电子邮件 (diàn yóu = diàn zǐ yóu jiàn) Email
15. 通 (tōng) verbinden; mit jdm. verkehren

Text 1

wǒ jiào liǔ qīng wǒ lái jiè shào yí xià
我叫柳青。我来介绍一下
wǒ de hǎo péng you xiǎo qín tā shì hùn xuè
我的好朋友——小琴。她是混血
ér tā yí bàn shì měi guó rén yí bàn shì zhōng
儿，她一半是美国人，一半是中
guó rén wǒ men liǎ shàng xiǎo xué shí jiù rèn shi
国人。我们俩上小学时就认识
le yīn wèi cóng xiǎo xué yī nián jí qǐ wǒ men jiù
了，因为从小学一年级起我们就
zuò zài yì qǐ
坐在一起。

tā gēn wǒ yí yàng gāo shòu shòu de pí
她跟我一样高，瘦瘦的，皮
fū bái bái de hěn ài xiào wǒ men xǐ huan yì
肤白白的，很爱笑。我们喜欢一
qǐ guàng jiē kàn diàn yǐng liáo tiānr tā xiàn
起逛街、看电影、聊天儿。她现
zài zài yīng guó dú shū wǒ men zhǐ yǒu zài jià qī
在在英国读书。我们只有在假期
li cái néng jiàn miàn píng shí wǒ men fā diàn yóu
里才能见面。平时我们发电邮，
yǒu shí yě tōng diàn huà
有时也通电话。

AUFGABE

Stelle einen deiner Kindheitsfreunde vor.

1 Sprechübung

Beispiel

他个子高高的，小眼睛、小鼻子、小嘴巴。他的头发是黑色的，短短的。他……

Wortvorschläge

a) 挺不错
b) 漂亮
c) 好看
d) 难看
e) 一般
f) 个子
g) 直发
h) 卷发
i) 高
j) 矮
k) 胖
l) 瘦
m) 圆
n) 长

2 Stelle deinen Mitschülern die folgenden Fragen.

1. 你从小就喜欢做什么运动？
2. 你从小就喜欢画什么画儿？
3. 你从小就喜欢吃什么？喝什么？
4. 你从小就喜欢看什么电视节目？
5. 你从小就喜欢穿什么衣服？
6. 你从小就喜欢看什么书？
7. 你从小就认识哪些朋友？
   他/她们是谁？请介绍一下。

3 Vervollständige die Sätze.

1. 他们只有在春节才穿上新衣服。
2. 爸爸只有在周末＿＿＿＿＿＿＿＿
3. 妈妈只有在下班以后＿＿＿＿＿＿
4. 我们只有在课间休息的时候＿＿＿＿
5. 我们只有在假期里＿＿＿＿＿＿＿＿＿＿＿＿
6. 我只有等到明年＿＿＿＿＿＿＿＿＿＿＿＿＿

ANMERKUNG

„只有……才……“ heißt „nur wenn,… dann; erst wenn … dann; nur unter der Voraussetzung, dass“, z.B.

我们只有在暑假才见面。

AUFGABE

Bilde zwei Sätze mit „只有……才……“.

4 Bilde ein paar Sätze zu jedem Bild.

逛街

Beispiel

我很喜欢跟妈妈一起逛街。我们一般周末去逛街。我看到好东西就想买。妈妈常常说我很会花钱。

1

看电影

2

聊天儿

3

发电邮

4

钓鱼

5

通电话

6

去饭店吃饭

7

过春节

8

打篮球

5 Vervollständige die Sätze.

1. 她的毛衣 跟我的一样好看。
2. 这件衬衫 跟那件一样贵。
3. 爸爸的领带 ________
4. 我的自行车 ________
5. 姐姐的个子 ________
6. 老师的手提包 ________

ANMERKUNG

„跟……一样" heißt „so wie; gleich wie", z.B.

a) 我跟哥哥一样高。
b) 我的书包跟他的一样。

AUFGABE

Bilde zwei Sätze mit „跟……一样".

6 Höre zu und wähle die richtigen Antworten aus.

02

1. 马天英介绍了＿个好朋友。 a) 四 b) 五 c) 六
2. 高文是＿。 a) 独生子 b) 混血儿 c) 独生女
3. 小白长得＿。 a) 一般 b) 又矮又胖 c) 又高又瘦
4. 黄雷从小就喜欢＿。 a) 打排球 b) 看电影 c) 玩儿电脑
5. 王明＿特别好。 a) 滑冰滑得 b) 打球打得 c) 踢球踢得
6. 天云也＿。 a) 会游泳 b) 喜欢逛街 c) 喜欢打电话
7. 方冰一年回＿北京。 a) 两次 b) 一次 c) 三次

AUFGABE Lies den Hörverständnistext (S. 155) und stelle jeweils eine Frage zu den vorgestellten Personen.

7 Bildet zu zweit einen Dialog.

« Beispielfragen:

1. 你最要好的朋友叫什么名字？他/她多大了？是哪国人？
2. 他/她上几年级？在哪所学校读书？
3. 他/她长什么样儿？
4. 你们是怎么认识的？
5. 你们现在经常一起逛街、看电影吗？
6. 你们每天都发电邮吗？
7. 你们一般什么时候通电话？
8. 你们经常见面吗？一般什么时候见面？

……

Berichte an die Klasse: 他最要好的朋友……

Mache dich bereit Text 2

A Stelle deinen Mitschülern die folgenden Fragen.

1. 你有什么爱好？
2. 你喜欢做什么运动？
3. 你每天都做运动吗？做什么运动？什么时候做？做多长时间？
4. 你夏天喜欢做什么运动？去哪儿做？
5. 在你们国家，人们一般喜欢做什么运动？

B Liste Aktivitäten auf, die man als Hobby betreiben kann.

打篮球、弹钢琴

……

C Höre die Aufnahme an und beantworte die Fragen. 03

1. 周远是学生吗？
2. 他冬天喜欢做什么？
3. 他夏天喜欢做什么？
4. 他觉得有朋友重要吗？
5. 什么时候他需要朋友的帮助？

Vokabeln

1. 堆 (duī) häufen; aufstapeln
2. 仗 (zhàng) Schlacht; Kampf
   打雪仗 (dǎ xuě zhàng) eine Schneeballschlacht machen
3. 沙 (shā) Sand
4. 滩(灘) (tān) Strand
   沙滩 (shā tān) Sandstrand
5. 滑水 (huá shuǐ) Wasserski
6. 重 (zhòng) schwer, Gewicht
   重要 (zhòng yào) wichtig
7. 开心 (kāi xīn) erfreut sein
8. 困 (kùn) jdn. in eine Notlage bringen
   困难 (kùn nan) schwierig; Schwierigkeit

Text 2

nǐ zuì hǎo de péng you shì shuí
你最好的朋友是谁？

tā jiào zhōu yuǎn wǒ men cóng xiǎo jiù shì hǎo péng you
他叫周远。我们从小就是好朋友。

tā zài nǎ ge xué xiào shàng xué
他在哪个学校上学？

wǒ men zài tóng yí ge xué xiào shàng xué
我们在同一个学校上学。

nǐ men zài yì qǐ shí zuò xiē shén me
你们在一起时做些什么？

dōng tiān wǒ men duī xuě rén dǎ xuě zhàng xià tiān wǒ men qù shā tān dǎ qiú huá shuǐ
冬天我们堆雪人、打雪仗。夏天我们去沙滩打球、滑水。

nǐ jué de péng you zhòng yào ma
你觉得朋友重要吗？

hěn zhòng yào yīn wèi nǐ bù kāi xīn de shí hou kě yǐ gēn péng you liáo yi liáo yǒu kùn nan shí péng you yě kě yǐ bāng nǐ
很重要，因为你不开心的时候可以跟朋友聊一聊，有困难时朋友也可以帮你。

AUFGABE

A) Stelle 周远 kurz vor, indem du einen Steckbrief erstellst.

B) Unterhalte dich mit einem Mitschüler über 周远. Benutze hierfür die Informationen aus dem Steckbrief.

8 Bildet zu zweit einen Dialog.

在沙滩上打排球

Beispiel

我特别喜欢在沙滩上打排球。我有时候也在沙滩上踢足球。

1 堆雪人

2 打雪仗

3 逛街

4 滑水

5 发电邮

6 聊天儿

Wortvorschläge

a) 觉得
b) 会
c) 有趣
d) 没有意思
e) 特别喜欢

9 Vervollständige die Sätze.

1. 我们俩喜欢看同一个电视节目。
2. 我们俩喜欢学同一种＿＿＿＿＿＿
3. 我们俩喜欢吃同一种＿＿＿＿＿＿
4. 我们俩喜欢穿同一种颜色的＿＿＿
5. 我们俩喜欢去同一个＿＿＿＿＿＿
6. 我们俩住在同一幢＿＿＿＿＿＿＿

ANMERKUNG

„同“ heißt „der-, die-, dasselbe“, z.B.

我们在同一个学校上学。

AUFGABE

Bilde zwei Sätze mit „同“.

10 Bildet zu zweit einen Dialog.

Beispiel

做作业／看电视

A: 他做作业时喜欢做什么？

B: 他喜欢看电视。

ANMERKUNG

„时“ heißt „wenn; während“, z. B.

我们在一起时喜欢看电视。

1

吃早饭／看电视

2

坐车／看杂志

3

做运动／听音乐

4

弹琴／唱歌

5

看报纸／听音乐

6

做饭／看电视

7

打电话／发电邮

11 Höre zu und beantworte die Fragen.

04

1. 小云做功课的时候还喜欢做什么？
2. 小天喜欢一边看电视一边做什么？
3. 田力的爸爸开车时不做什么？
4. 小雷晚上睡觉时常听见什么？
5. 高文在外婆家时常做什么？
6. 小美在哪所学校上学？

AUFGABE

Lies den Hörverständnistext (S. 155) und erstelle eine ähnliche Hörverständnisübung für einen Mitschüler.

12 Bildet zu zweit einen Dialog.

« Beispielfragen:

1. 你觉得朋友重要吗？为什么？
2. 你觉得哪个朋友对你最好？
3. 你觉得学生应该穿校服吗？
4. 你觉得男生应该戴耳环吗？
5. 你觉得学生应该带手机上学吗？

……

Berichte an die Klasse:

他觉得有朋友……

Einheit 1

Lektion 2 Berufe 职业

Mache dich bereit Text 1

A Stelle deinen Mitschülern die folgenden Fragen.

1. 你家有几口人？有谁？
2. 你爸爸工作吗？他做什么工作？
3. 你妈妈工作吗？她做什么工作？
4. 你爷爷做过什么工作？
5. 你家亲戚多吗？他们都做什么工作？

B Zeichne deinen Familienstammbaum und stelle der Klasse deine Familienmitglieder vor.

C Höre die Aufnahme an und beantworte die Fragen. 05

1. 他叔叔做什么工作？
2. 他叔叔结婚了吗？
3. 他婶婶做什么工作？
4. 他叔叔、婶婶有孩子吗？
5. 他爷爷做什么工作？
6. 他奶奶做什么工作？

Zusatzvokabeln

a) 姑妈 (gūmā)、姑父 (gūfu)
b) 伯父 (bófù)、伯母 (bómǔ)
c) 姨妈 (yímā)、姨父 (yífu)
d) 堂哥/姐/弟/妹 (táng gē / jiě / dì / mèi)
e) 表哥/姐/弟/妹 (biǎo gē / jiě / dì / mèi)

Vokabeln

1. 摄(攝) (shè) aufnehmen; fotografieren
   摄影 (shèyǐng) eine Aufnahme machen
   摄影师 (shèyǐngshī) Fotograf
2. 婶婶(嬸) (shěnshen) Tante (Ehefrau des jüngeren Bruders des Vaters)
3. 庭 (tíng) Hof
   家庭 (jiātíng) Familie; Haushalt
4. 主 (zhǔ) Gastgeber
5. 妇(婦) (fù) Frau; Ehefrau
   家庭主妇 (jiātíng zhǔfù) Hausfrau; Hausherrin
6. 还(還) (hái) noch
*7. 刚(剛) (gāng) (gerade) eben; vor kurzem
8. 结(結) (jié) knoten; binden
9. 婚 (hūn) heiraten; Ehe
   结婚 (jiéhūn) heiraten, sich verheiraten
10. 授 (shòu) lehren; unterrichten
    教授 (jiàoshòu) Professor
11. 作家 (zuòjiā) Schriftsteller
12. 程 (chéng) Regel; Prozedur
    工程 (gōngchéng) Bau; Bauprojekt
    工程师 (gōngchéngshī) Ingenieur

Text 1

nǐ shū shu zuò shén me gōng zuò
你叔叔做什么工作？

tā shì shè yǐng shī
他是摄影师。

nǐ shěn shen ne
你婶婶呢？

tā bù gōng zuò, shì jiā tíng zhǔ fù
她不工作，是家庭主妇。

tā men yǒu hái zi ma
他们有孩子吗？

hái méi yǒu. tā men zuì jìn gāng jié hūn
还没有。他们最近刚结婚。

nǐ yé ye zuò shén me gōng zuò
你爷爷做什么工作？

tā shì jiào shòu, yě shì zuò jiā
他是教授，也是作家。

nǐ nǎi nai zuò shén me gōng zuò
你奶奶做什么工作？

tā shì gōng chéng shī
她是工程师。

1 Bildet zu zweit einen Dialog.

《 Beispielfragen:

1. 你奶奶（外婆）今年多大岁数了？
2. 她现在住在哪儿？你们经常见面吗？什么时候见面？
3. 她以前做过什么工作？她还工作吗？
4. 她是哪年结婚的？她是怎样认识你爷爷（外公）的？
5. 她生了几个孩子？他们现在都在哪儿？做什么工作？

……

2 Bilde zu jedem Bild einen Satz.

Beispiel

教师在学校工作。

3 Rollenspiel

ANWEISUNG

Stelle dir vor, du bist ein Journalist und führst ein Interview mit deinem Schulrektor, dem Bürgermeister deiner Stadt, einem Schauspieler, einem Sportler oder einer anderen Person.

Beispiel

记者：您是哪国人？

名人：我是美国人。

记者：您在哪儿出生？

名人：我在英国出生。

记者：您现在做什么工作？

您在哪儿工作？

您最近工作忙吗？

您有什么爱好？

您喜欢……

4 Stelle deinen Mitschülern die folgenden Fragen.

1	2
- 你爷爷、奶奶多大岁数了？ - 他们是哪国人？ - 他们住在哪儿？ - 他们以前做什么工作？	- 你有叔叔、姑姑吗？ - 他们住在哪儿？ - 他们结婚了吗？ - 他们有孩子吗？
3	**4**
- 你有几个堂兄弟姐妹？ - 他们都住在哪儿？ - 他们还在读书还是已经工作了？ - 他们中间有没有人学汉语？	- 你妈妈那边有什么亲戚？ - 他们都住在哪儿？ - 他们是哪国人？ - 你们经常见面吗？

5 Höre zu und schreibe „f“ für falsch und „r“ für richtig.

06

___ 1 外公退休了。他已经不工作了。

___ 2 阿姨在一家医院做儿科大夫。

___ 3 舅舅是一个警察。他工作不算忙。

___ 4 舅妈是一位有名的律师。

___ 5 叔叔以前不是饭店经理。

___ 6 婶婶会唱歌，但她不会弹琴。

___ 7 大伯很有钱。

___ 8 二伯是一个工程师，在纽约工作。

AUFGABE

Lies den Hörverständnistext (S.155) und stelle jeweils eine Frage zu den vorgestellten Personen.

6 Präsentation

ANWEISUNG

Suche im Internet nach Informationen zum Arbeitsmarkt eines Landes und präsentiere deine Ergebnisse der Klasse.

Satzvorschläge

a) 他们的工资(gōng zī)不高。
b) 他们很容易找到工作。
c) 好秘书太多。
d) 工作时间长。
e) 工作很危险(wēi xiǎn)。
f) 竞争(jìng zhēng)很激烈(jī liè)。

Beispiel

在美国，医生不太容易找工作，因为美国人口不算多，但是医生很多，看医生又贵，所以想当医生不容易。

7 Bildet zu zweit einen Dialog.

« Beispielfragen:

1. 你爸爸工作吗？ 他做什么工作？ 他每天怎么上班？
2. 你妈妈工作吗？ 她做什么工作？ 她会说汉语吗？
3. 你有兄弟姐妹吗？ 有几个？ 他们多大了？ 上几年级？
4. 你今年多大了？ 上几年级？ 你每天怎么上学？
5. 你今年学几门课？ 你学什么课？
6. 你喜欢上什么课？ 为什么？ 你不喜欢上什么课？ 为什么？
7. 你以后想做什么工作？ 你想在哪儿工作？

……

A Frage deinen Mitschüler.

1. 你在哪个学校上学，你今年上几年级？
2. 你每天上几节课？每节课多长时间？
3. 你今年学几门课？哪几门课？
4. 你最喜欢上哪门课？为什么？
5. 你们经常有汉语考试吗？最近的一次考试你得了多少分？

B Schreibe deinen Stundenplan auf Chinesisch auf.

C Höre die Aufnahme an und beantworte die Fragen. 07

1. 黄老师是什么时候来到这个学校教书的？
2. 他教什么科目？
3. 他是个慢性子还是个急性子？
4. 他经常发脾气吗？
5. 他经常跟学生聊天儿吗？
6. 黄老师有什么爱好？

Vokabeln

1. 任 (rèn) Amt; Position
   主任 (zhǔ rèn) Direktor; Leiter
   班主任 (bān zhǔ rèn) Klassenlehrer
2. 性 (xìng) Charakter; Natur
3. 格 (gé) Charakter; Stil
   性格 (xìng gé) Charakter; Eigenschaft; Persönlichkeit
4. 温和 (wēn hé) mild; gütig; zart
5. 善 (shàn) gut; gutherzig
   友善 (yǒu shàn) freundlich
6. 慢 (màn) langsam
   慢性子 (màn xìng zi) phlegmatisches Temperament, chronisch langsam agierender Mensch
7. 从来不 (cóng lái bù) (seit jeher) nie
8. 脾 (pí) Milz
   脾气 (pí qi) Temperament
   发脾气 (fā pí qi) vor Zorn toben; seinem Ärger Luft machen
9. 乐意 (lè yì) erfreut; bereit sein
10. 帮助 (bāng zhù) helfen
11. 事 (shì) Sache; Angelegenheit
12. 点名 (diǎn míng) die Namensliste verlesen
13. 通知 (tōng zhī) mitteilen; benachrichtigen
14. 音乐会 (yīn yuè huì) Konzert
15. 少不了 (shǎo bu liǎo) unentbehrlich

Text 2

huáng lǎo shī shì wǒ men de bān zhǔ
黄老师是我们的班主
rèn tā jiāo xì jù shì qù nián lái dào
任。他教戏剧，是去年来到
wǒ men xué xiào de huáng lǎo shī xìng gé wēn
我们学校的。黄老师性格温
hé duì rén yǒu shàn shì ge màn xìng
和，对人友善，是个慢性
zi cóng lái bù fā pí qi tā hái tè
子，从来不发脾气。他还特
bié lè yì bāng zhù rén tā měi tiān zǎo
别乐意帮助人。他每天早
shang lái dào jiào shì dì yī jiàn shì jiù
上来到教室，第一件事就
shì xiān diǎn míng rán hòu dú yí xià tōng
是先点名，然后读一下通
zhī rú guǒ hái yǒu shí jiān tā jiù huì
知。如果还有时间，他就会
zài jiào shì li zǒu zou gēn xué sheng liáo
在教室里走走，跟学生聊
liao tiānr chú le xì jù huáng lǎo shī
聊天儿。除了戏剧，黄老师
gāng qín yě tán de tè bié hǎo měi cì xué
钢琴也弹得特别好。每次学
xiào kāi yīn yuè huì dōu shǎo bu liǎo tā
校开音乐会都少不了他。

8 Sprechübung

Beispiel

这是我们的数学老师。他在我们学校很长时间了。他是个急性子，可是对我们很好。他……

AUFGABE Stelle einen deiner Lehrer vor.

9 Vervollständige die Sätze.

1. 我有时候跟我妈妈逛街，但是我喜欢跟朋友逛街。
2. 我经常____________________
3. 我一般____________________
4. 我总是____________________
5. 我从来不____________________
6. 我小时候常常____________________
7. 我从小就____________________

10 Sprechübung

Beispiel

这是我哥哥。他今年二十岁，上大学三年级。他在美国一所大学里学戏剧。他长得挺帅的，个子高高的，头发黑黑的。他性格温和，很大方。

……

Satzvorschläge

a) 他性格温和。
b) 他很大方。
c) 他很小气。
d) 他是个急性子。
e) 他是个慢性子。
f) 他从来不发脾气。
g) 他爱发脾气。
h) 他乐意帮助人。
i) 他对人友善。

AUFGABE

Stelle eines deiner Familienmitglieder vor.

11 Aktion

1. 小说 本　2. 椅子 ＿　3. 连衣裙 ＿

4. 大楼 ＿　5. 教室 ＿　6. 摄影师 ＿

7. 学校 ＿　8. 帽子 ＿　9. 运动鞋 ＿

10. 围巾 ＿　11. 牛奶 ＿　12. 出租车 ＿

13. 作家 ＿　14. 铅笔 ＿　15. 班主任 ＿

16. 小狗 ＿　17. 木桥 ＿　18. 中学生 ＿

ANWEISUNG

1 Die Klasse wird in kleine Gruppen eingeteilt.

2 Aufgabe ist es, für jedes Nomen ein passendes Zähleinheitswort zu finden.

3 Die Gruppe mit den meisten richtigen Zähleinheitswörtern gewinnt.

12 Interviewe zwei deiner Mitschüler.

《 Beispielfragen:

1. 你们班有班长吗？有几个班长？谁是班长？
2. 你们的班主任姓什么？是男的还是女的？
3. 你们的班主任是哪国人？他/她学过汉语吗？
4. 他/她大概多大岁数？他/她结婚了吗？有孩子吗？
5. 你们的班主任早上一般几点到教室？他/她先做什么？
6. 他/她的性格怎么样？他/她对你好吗？
7. 他/她有什么爱好？你喜欢他/她吗？为什么？
8. 你们班一共有多少个学生？他们都是哪国人？

……

13 Bilde jeweils einen Satz mit den angegebenen Ausdrücken.

1. 是……的 ______
2. 先……然后…… ______
3. 如果……就…… ______
4. 除了……以外…… ______
5. 特别 ______
6. 少不了 ______

14 Höre zu und wähle die richtigen Antworten aus.

08

1. 她的班主任教____。 a) 物理 b) 地理 c) 生物
2. 她舅舅____。 a) 经常出差 b) 工作不忙 c) 是老师
3. 婶婶____。 a) 脾气很好 b) 脾气不太好 c) 工作很忙
4. 奶奶喜欢____。 a) 工作 b) 写书 c) 教书
5. 姑姑____。 a) 不喜欢她的工作 b) 做事很慢 c) 性格温和
6. 姨妈____结婚。 a) 刚 b) 下个月 c) 明年

AUFGABE Lies den Hörverständnistext (S. 155) und stelle zu den vorgestellten Personen jeweils eine Frage.

15 Aktion

Beispiel

他教化学。
他大概有四十岁。
他……

ANWEISUNG

1 Die ganze Klasse soll an der Übung teilnehmen.

2 Ein Schüler beschreibt einen Lehrer der Schule und der Rest der Klasse soll erraten, wer beschrieben wird.

Lektion 3 Die Persönlichkeit 性格

Mache dich bereit Text 1

A Stelle deinen Mitschülern die folgenden Fragen. Schlage die unbekannten Vokabeln im Wörterbuch nach, die mit dem Themenbereich „Beruf“ zu tun haben.

1. 你爸爸做什么工作？
2. 他喜欢自己的工作吗？
3. 你妈妈做什么工作？
4. 她喜欢自己的工作吗？

B Höre die Aufnahme an und beantworte die Fragen. 09

1. 小白是什么样的性格？她以后想做什么工作？
2. 小平为什么想做演员？
3. 小文以后想做什么工作？
4. 小天喜欢学数学吗？她以后想做什么工作？

Vokabeln

1. 虽(雖) suī obwohl; zwar
   虽然 suīrán obwohl; zwar
   虽然……但是…… suīrán … dànshì … obwohl; zwar...,aber...
2. 理想 lǐxiǎng ideal; Ideal
3. 相 xiāng einander
   相同 xiāngtóng gleich; identisch
4. 耐 nài etwas ertragen können; etwas aushalten können
   耐心 nàixīn Geduld; geduldig
* 5. 当(當) dāng als ... tätig sein
6. 护(護) hù schützen
7. 士 shì Fachkräfte
   护士 hùshi Krankenschwester
8. 务(務) wù Angelegenheit; Aufgabe
9. 员(員) yuán Person; Mitglied
   服务员 fúwùyuán Kellner; Steward; Servicekraft
10. 信 xìn glauben; vertrauen
    自信 zìxìn Selbstvertrauen
11. 演 yǎn aufführen; spielen
    表演 biǎoyǎn spielen; darstellen; aufführen
    演员 yǎnyuán Schauspieler
12. 以后 yǐhòu später; nachher; in der Zukunft
13. 奇 qí seltsam; überraschend
    好奇 hàoqí neugierig
    好奇心 hàoqíxīn Neugier
14. 旅 lǚ reisen
    旅游 lǚyóu reisen; Tourismus
* 15. 名 míng *Zähleinheitswort*
16. 导(導) dǎo leiten; führen
    导游 dǎoyóu Reiseführer
17. 会计 kuàijì Buchhaltung
    会计师 kuàijìshī Buchhalter

Text 1

wǒ yǒu sì ge hǎo péng you　suī rán wǒ men tiān tiān dōu
我有四个好朋友。虽然我们天天都

zài yì qǐ　dàn shì wǒ men de xìng gé　lǐ xiǎng gè bù xiāng
在一起，但是我们的性格、理想各不相

tóng　xiǎo bái hěn yǒu nài xīn　suǒ yǐ tā xiǎng dāng hù shi huò
同。小白很有耐心，所以她想当护士或

zhě fú wù yuán　xiǎo píng hěn zì xìn　xǐ huan biǎo yǎn　yǐ
者服务员。小平很自信，喜欢表演，以

hòu xiǎng dāng yǎn yuán　xiǎo wén yǒu hào qí xīn　xǐ huan lǚ
后想当演员。小文有好奇心，喜欢旅

yóu　xiǎng zuò yì míng dǎo yóu　xiǎo tiān xiǎng dāng kuài jì shī
游，想做一名导游。小天想当会计师，

yīn wèi tā de shù xué zài bān shang zǒng shì kǎo
因为她的数学在班上总是考

dì yī míng
第一名。

1 Vervollständige die Sätze.

1. 虽然今天下大雪，但是气温不低。
2. 虽然她是姐姐，______
3. 马老师虽然教中文，______
4. 虽然他有很多亲戚，______
5. 虽然他长得瘦瘦的，______
6. 虽然妈妈今天生病了，______
7. 现在虽然是冬天，______
8. 虽然我没有去过英国，______

ANMERKUNG

„虽然……，但是……“ heißt „obwohl; zwar..., aber...“, z.B.

虽然我们天天在一起，但是我们的性格很不相同。

AUFGABE

Bilde einen Satz mit „虽然……但是……“.

2 Füge jeder Kategorie möglichst viele Wörter hinzu.

1 性格：________

3 衣服：________

2 职业：________

4 科目：________

3 Aktion

小组1 A：你哪儿不舒服？

B：我肚子疼，还拉肚子。

小组2：医生和病人家长的对话。

小组1：不对。

小组3：医生和病人的对话。

小组1：对了。

ANWEISUNG

1 Die Klasse wird in Zweiergruppen eingeteilt.

2 Jede Gruppe denkt sich eine Gesprächssituation aus, bei der die beiden Gesprächspartner bestimmte Personen darstellen. Zum Beispiel ein Gespräch im Café zwischen dem Gast und der Bedienung. Der Rest der Klasse soll erraten, welche Personen im Dialog dargestellt werden.

4 Stelle deinen Mitschülern die folgenden Fragen.

1. 你每天起床后做的第一件事是什么？
2. 你每天到校后做的第一件事是什么？
3. 你每天中午休息时做的第一件事是什么？
4. 你每天放学后做的第一件事是什么？
5. 你每天吃完晚饭后做的第一件事是什么？
6. 你星期六早上做的第一件事是什么？
7. 你考完试后做的第一件事是什么？
8. 圣诞节那天，你起床后做的第一件事是什么？

5 Bilde ein paar Sätze zu jedem Beruf.

Beispiel

律师

做律师要口才好。我不喜欢说话。我以后不想当律师。

Satzvorschläge

a) 做律师要口才(kǒu cái)好。
b) 做医生要有耐心，还要有爱心(ài xīn)。
c) 做校长要有教学经验(jiào xué jīng yàn)。
d) 做演员要有表演才能(cái néng)。
e) 做会计师要数学好。
f) 做秘书要打字(dǎ zì)快。
g) 做导游要有地理知识(zhī shi)。
h) 做司机要车开得好，还要小心(xiǎo xīn)。
i) 做商人要有经商头脑(jīng shāng tóu nǎo)。
j) 做服务员要对人客气(kè qi)。
k) 我以后想当律师。
l) 我对表演很感兴趣。

1

护士

2

校长

3

演员

4

会计师

5

秘书

6

导游

7

司机

8

商人

9

服务员

6 Höre zu und fülle die richtigen Antworten in die Lücken.

10

1 高明的理想是当一名__。 a) 导游 b) 教师 c) 会计师

2 王月长大后想当__。 a) 护士 b) 服务员 c) 体育老师

3 黄小钢对__很感兴趣。 a) 体育 b) 音乐 c) 表演

4 方雷今后可能不会当__。 a) 医生 b) 导游 c) 演员

5 周平喜欢读书，还喜欢__。 a) 旅游 b) 写小说 c) 做作业

6 丁民的父母都是__。 a) 律师 b) 科学家 c) 老师

AUFGABE Lies den Hörverständnistext (S. 156) und stelle zu den vorgestellten Personen jeweils eine Frage.

7 Bildet zu fünft einen Dialog.

Beispiel

A: 你的理想是什么？
B: 我想做演员。
A: 为什么？
B: 因为我喜欢表演，我还会唱歌和跳舞。我每年的戏剧课总是得"A"。
A: ……

A Bilde zu zweit einen Dialog.

1. 你最喜欢的名人是谁？
2. 他/她叫什么名字？
3. 他/她是哪国人？
4. 他/她结婚了吗？
5. 他/她有孩子吗？
6. 他/她有什么爱好？
7. 他/她的性格怎么样？
8. 他/她很有钱吗？
9. 他/她以前做过什么工作？

B Höre die Aufnahme an und beantworte die Fragen. 11

1. 比尔·盖茨是哪国人？
2. 他从小就对什么感兴趣？
3. 他有没有读完大学？
4. 他是不是一边上大学一边开电脑公司？
5. 他的性格怎样？
6. 他有什么爱好？

Vokabeln

1. 名人 (míng rén) eine berühmte Persönlichkeit, ein Prominenter
2. 比尔·盖茨 (bǐ ěr gài cí) Bill Gates
3. 退 (tuì) zurücktreten; quittieren; austreten
   退学 (tuì xué) das Studium oder den Schulbesuch aufgeben; die Schule verlassen
4. 开办 (kāi bàn) eröffnen; gründen
5. 聪(聰) (cōng) ein gutes Gehör; klug
   聪明 (cōng míng) klug; intelligent
6. 努 (nǔ) sich anstrengen
   努力 (nǔ lì) sich anstrengen; streben; fleißig
*7. 世 (shì) Welt
8. 界 (jiè) Grenze; Welt
   世界 (shì jiè) Welt
*9. 上 (shàng) *gibt Umfang oder Rahmen einer Sache an*
   世界上 (shì jiè shang) auf der Welt
10. 富 (fù) reich; wohlhabend
   富有 (fù yǒu) reich; wohlhabend
11. 良 (liáng) gut; fein
   善良 (shàn liáng) gut; gutherzig; nett
12. 爱心 (ài xīn) Gutherzigkeit
13. 捐 (juān) spenden
14. 高尔夫球 (gāo ěr fū qiú) Golf (spielen)
15. 牌 (pái) Spielkarten
   桥牌 (qiáo pái) Bridge

Text 2

qǐng nǐ shuō yi shuō nǐ xǐ huan de míng rén
请你说一说你喜欢的名人。

wǒ zuì xǐ huan bǐ ěr gài cí
我最喜欢比尔·盖茨。

qǐng nǐ jiè shào yí xià bǐ ěr gài cí
请你介绍一下比尔·盖茨。

tā shì měi guó rén tā cóng xiǎo jiù duì diàn nǎo gǎn
他是美国人。他从小就对电脑感
xìng qù tā dà xué èr nián jí jiù tuì xué le
兴趣。他大学二年级就退学了，
rán hòu kāi bàn le zì jǐ de diàn nǎo gōng sī
然后开办了自己的电脑公司。

nǐ wèi shén me xǐ huan tā
你为什么喜欢他？

wǒ xǐ huan tā shì yīn wèi tā fēi cháng cōng míng
我喜欢他是因为他非常聪明，
yòu hěn nǔ lì tā shì shì jiè shang zuì fù yǒu de
又很努力。他是世界上最富有的
rén yòu hěn shàn liáng yǒu ài xīn tā juān qián
人，又很善良，有爱心。他捐钱
gěi xū yào bāng zhù de rén
给需要帮助的人。

tā yǒu shén me ài hào
他有什么爱好？

tā ài dú shū ài dǎ gāo ěr fū qiú yě xǐ huan dǎ qiáo pái
他爱读书，爱打高尔夫球，也喜欢打桥牌。

8 Bilde ein paar Sätze zu jedem Bild.

堆雪人 打雪仗

Beispiel

我小时候住在纽约。每年冬天纽约都下大雪。我喜欢跟同学一起堆雪人、打雪仗。

9 Vervollständige die Sätze.

1. 她又聪明 又漂亮。 ______ (hübsch)
2. 今天又刮风 ______ (regnerisch)
3. 她又善良 ______ (intelligent)
4. 他又自信 ______ (bereit sein zu helfen)
5. 他长得又高 ______ (attraktiv)
6. 她又想当医生 ______ (Schauspielerin werden wollen)
7. 她的头发又长 ______ (schwarz)
8. 他又喜欢吃中餐 ______ (westliche Küche)

10 Aktion

« Beispielfragen:

1. 谁是全球最富有的人?
2. 哪个国家是全球最富有的?
3. 世界上哪个国家面积最大? (miàn jī)
4. 世界上哪条河最长?

……

ANWEISUNG

1 Im ersten Schritt wird die Klasse in Dreiergruppen eingeteilt.

2 Jede Gruppe soll sich eine Quizfrage ausdenken. Der Lehrer sammelt die Fragen ein und korrigiert sie, falls nötig.

3 Im zweiten Schritt werden die Dreiergruppen wieder aufgelöst und die Klasse nun in zwei Teams eingeteilt, die abwechselnd die Fragen beantworten.

4 Die Gruppe mit den meisten richtigen Antworten gewinnt.

11 Befrage fünf deiner Mitschüler.

《 Beispielfragen:

1. 你常捐钱/捐衣服/捐文具给需要帮助的人吗?

2. 你现在对什么感兴趣? 你以后想做什么工作?
3. 你长大后会开办自己的公司吗? 会开什么公司? 你会努力工作吗?

4. 如果有一天你很富有，你会捐钱给需要帮助的人吗?
5. 如果有一天你当了校长，你想为学校做些什么?

6. 如果你有一天得到一百万，你会怎么花这笔钱?

……

12 Bildet zu zweit einen Dialog.

ANWEISUNG

Bereite eine Powerpointpräsentation vor, mit der du deinen Lieblingsprominenten vorstellst. Antworte dabei auf die folgenden Fragen:

《 Beispielfragen:

1. 他/她叫什么名字?
2. 他/她在哪儿出生?
3. 他/她是哪国人?
4. 他/她有没有上过大学? 在大学里学什么?
5. 他/她结婚了吗?
6. 他/她结过几次婚?
7. 他/她有几个孩子?
8. 他/她的孩子多大了?
9. 他/她以前做过什么工作?
10. 他/她现在做什么工作?
11. 他/她的性格怎样?
12. 他/她有什么爱好?

……

13 Rollenspiel

ANWEISUNG

Stelle dir vor, du bist ein Moderator und interviewst einen berühmten Schauspieler.

节目主持人（zhǔ chí rén）：我叫黄雷。欢迎您来到我们的演播室（yǎn bō shì）。

名人：你好！

节目主持人：您是从什么时候对表演感兴趣的？

名人：我妈妈是电影演员。我爸爸是个钢琴家，在大学里教音乐。我从小就喜欢看电影，从五岁开始学习唱歌和跳舞。

节目主持人：除了演戏以外，您还做些什么？

……

14 Höre zu und schreibe „f“ für falsch und „r“ für richtig.

12

___ 1 小明以后可能会开一家电脑公司。

___ 2 虽然小文学习很努力，但是她考试从来都得不到第一名。

___ 3 小天是个善良的人。

___ 4 小云的桥牌比她爸爸打得好。

___ 5 小东要去国外旅游一年。

___ 6 小方很有爱心，经常捐钱给学校。

AUFGABE Lies den Hörverständnistext (S. 156) und stelle zu den vorgestellten Personen jeweils eine Frage.

Einheit 2

Lektion 4 Der Tagesablauf 日常起居

Mache dich bereit **Text 1**

A Betrachte die Bilder rechts und beantworte die Fragen.

1. 你早上一般几点起床？你吃早饭吗？你早饭一般吃什么？
2. 你早上几点去上学？学校离你家远吗？你怎么上学？
3. 放学后你在家做什么？你几点睡觉？
4. 你们家附近有什么商店？你一般去哪儿买东西？你最近有没有去买东西？买了什么？花了多少钱？

B Höre die Aufnahme an und beantworte die Fragen. 13

1. 王大年起床后先做什么？
2. 他每天怎么上学？
3. 他早上几点开始上课？他几点放学？
4. 他吃完晚饭后做什么？
5. 他晚上几点睡觉？

Vokabeln

1. 刷 (shuā) bürsten; Bürste
2. 梳 (shū) kämmen; Kamm
   梳头 (shū tóu) jdm. das Haar kämmen
3. 换 (huàn) sich umziehen; wechseln
4. 送 (sòng) schicken; bringen
5. 课外 (kè wài) außerschulisch; Freizeit
6. 活动 (huó dòng) Aktivität
   课外活动 (kè wài huó dòng) Freizeitbetätigung, außerschulische Aktivitäten
7. 接 (jiē) abholen
8. 上网 (shàngwǎng) ins Internet gehen
9. 通常 (tōngcháng) normalerweise

Text 1

zhāng jiā wén
张家文：

nǐ hǎo
你好！

wǒ jiào wáng dà nián jīn nián shí wǔ suì shàng shí nián jí wǒ
我叫王大年，今年十五岁，上十年级。我
měi tiān zǎo shang liù diǎn bàn qǐ chuáng rán hòu xǐ zǎo shuā yá shū
每天早上六点半起床，然后洗澡、刷牙、梳
tóu chī zǎo fàn chī wán zǎo fàn huàn hǎo xiào fú hòu mā ma jiù kāi
头、吃早饭。吃完早饭、换好校服后，妈妈就开
chē sòng wǒ shàng xué wǒ men bā diǎn kāi shǐ shàng kè xià wǔ sān diǎn bàn
车送我上学。我们八点开始上课，下午三点半
fàng xué fàng xué yǐ hòu wǒ měi tiān dōu yǒu kè wài huó dòng mā ma wǔ diǎn
放学。放学以后我每天都有课外活动。妈妈五点
kāi chē lái jiē wǒ huí jiā dào jiā yǐ hòu wǒ yì bān xiān chī diǎnr líng
开车来接我回家。到家以后，我一般先吃点儿零
shí shàng yí huìr wǎng rán hòu zuò zuò yè wǒ men jiā tōng cháng qī
食，上一会儿网，然后做作业。我们家通常七
diǎn chī wǎn fàn chī wán wǎn fàn yǐ hòu wǒ zài zuò yí huìr zuò yè
点吃晚饭。吃完晚饭以后，我再做一会儿作业，
rán hòu wánr yí huìr diàn nǎo yóu xì yǒu shí hou wǒ gēn péng you dǎ
然后玩儿一会儿电脑游戏。有时候我跟朋友打
diàn huà liáo tiānr wǒ yì bān wǎn shang shí diǎn bàn shuì jiào
电话聊天儿。我一般晚上十点半睡觉。

hǎo le bù duō xiě le
好了，不多写了。

zhù
祝

hǎo
好！

wáng dà nián
王大年

wǔ yuè èr shí liù rì
五月二十六日

AUFGABE

Schreibe den obigen Text in einen Dialog um.

A: 王大年
B: 张家文

1 Ergänze die Lücken wie im Beispiel gezeigt.

1. 看见 老朋友
2. 吃完 ________
3. 找到 ________
4. 学好 ________
5. 吵醒 ________
6. 喝完 ________
7. 偷走 ________
8. 吃到 ________

Übungsschwerpunkt

Das Ergebniskomplement
他换好校服后，妈妈送他去上学。

2 Bilde zu jedem Bild einen Satz.

Beispiel

他做完作业以后玩儿一会儿电脑游戏。

ANMERKUNG

„一会儿" heißt „eine kurze Weile", z.B.

吃完点心后我上一会儿网。

1

2

3

4

5

6

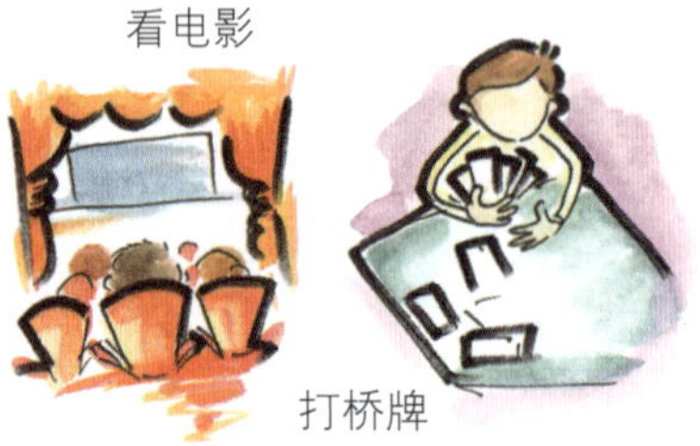

3 Projekt

ANWEISUNG

Erstelle für deine Schule eine Broschüre, in der die in diesem Schuljahr angebotenen Arbeitsgemeinschaften (AGs) und Freizeitangebote vorgestellt werden. Denk daran den Namen deiner Schule anzugeben.

课外活动

2012 . 8

香山第五女中

4 Beschreibe die Bilder.

1

6:30 起床

2

洗澡、刷牙

3

梳头

4

7:10 换校服

5

7:15 吃早饭

6

7:30 爸爸送她上学

7

8:30 开始上课

8

13:00 吃午饭

9

15:00 放学

10

15:00—16:00 课外活动

11

16:00 妈妈接她回家

12

16:30—17:00 吃点心

13

17:00—18:00 打篮球

14

18:00—19:00 看电视

15

19:00 吃晚饭

16

20:00—21:30 做作业

17

21:30—22:30 上网

18

22:30—23:00
洗澡、刷牙

19

23:00 睡觉

AUFGABE

Schildere der Klasse deinen Tagesablauf.

5 Höre zu und beantworte die Fragen.

14

1 乐乐明年夏天去北京做什么？

2 乐乐现在在哪儿上学？

3 她每天怎么上学？

4 她午饭在哪儿吃？

5 她今年有没有参加课外活动？

6 她有什么爱好？

AUFGABE

Lies den Hörverständnistext (S. 156) und schreibe einen Antwortbrief an 乐乐.

6 Bildet zu zweit einen Dialog.

《 Beispielfragen:

1. 你们星期几有班会？班会开多长时间？
2. 你们每天上几节课？每节课多长时间？
3. 你们有几次课间休息？午饭时间有多长？从几点到几点？
4. 你们每个星期上几节汉语课？星期几上汉语课？
5. 你们经常有汉语测验吗？你们一个学期有几次汉语考试？
6. 你哪天有课外活动？你们学校有什么课外活动？
7. 你每天一般几点到家？你到家后先做什么？
8. 你每天都上网吗？在网上看什么？
9. 你每天都发电邮吗？发给谁？
10. 你每天都打电话吗？打给谁？
11. 你每天晚上都看电视吗？看什么节目？一般看多长时间？

……

A Stelle deinem Mitschüler die folgenden Fragen.

1. 今天你有课外活动吗？有什么课外活动？从几点到几点？
2. 你今天到家后会先做什么？
3. 吃完晚饭后你会做什么？
4. 睡觉以前你会做什么？
5. 这个周末你会做什么？

B Höre die Aufnahme an und beantworte die Fragen. 15

1. 他每天在哪儿跟同学聊天儿？
2. 他可以上网下载音乐吗？
3. 他可以在电脑上看电影吗？
4. 他每天上网上几个小时？
5. 他想不想今后在网上少花些时间？

Vokabeln

1. 查 (chá) prüfen; nachschlagen; nachlesen
2. 资(資) (zī) Geld; Kapital
   资料 (zī liào) Materialien; Daten
3. 载(載) (zài) laden; tragen
   下载 (xià zài) downloaden, aus dem Internet herunterladen
4. 浏(瀏) (liú) schnell
5. 览(覽) (lǎn) lesen; oberflächlich durchlesen
   浏览 (liú lǎn) flüchtig lesen
6. 网页 (wǎng yè) Webseite
7. 打字 (dǎ zì) tippen; Maschinenschreiben
8. 没事儿 (méi shìr) nichts zu tun haben, frei haben
   有事儿 (yǒu shìr) etwas vorhaben; beschäftigt sein
9. 久 (jiǔ) lange; lange Zeit
10. 今后 (jīn hòu) von jetzt an; in der Zukunft
11. 提醒 (tí xǐng) erinnern

Text 2

xiǎo míng　nǐ měi tiān zài diàn nǎo shang zuò xiē shén me
小明：你每天在电脑上做些什么？

dà lì　wǒ shàng wǎng gēn tóng xué liáo tiānr　fā diàn yóu　chá
大力：我上网跟同学聊天儿、发电邮、查
zī liào　xià zài yīn yuè　kàn diàn yǐng　liú lǎn tǐ
资料、下载音乐、看电影、浏览体
yù wǎng yè　wǒ hái yòng diàn nǎo liàn xí dǎ zì　rú
育网页。我还用电脑练习打字。如
guǒ wǒ méi shìr gàn　huì wánr diàn nǎo yóu xì
果我没事儿干，会玩儿电脑游戏。

xiǎo míng　nǐ měi tiān shàng wǎng shàng duō jiǔ
小明：你每天上网上多久？

dà lì　dà gài wǔ ge xiǎo shí
大力：大概五个小时。

xiǎo míng　nǐ zài wǎngshang huā de shí jiān tài duō le
小明：你在网上花的时间太多了！

dà lì　wǒ yě jué de yǒu diǎnr duō　jīn hòu wǒ huì
大力：我也觉得有点儿多。今后我会
tí xǐng zì jǐ shǎo shàng wǎng
提醒自己少上网。……

7 Vervollständige den Dialog.

琴文：你今天下午干什么？

方方：什么事儿？

琴文：我们一起去逛街，怎么样？

方方：对不起，我今天下午有事儿。
四点以后可以吗？

琴文：可以。我想买……

方方：去哪个购物广场？

……

8 Vervollständige die Sätze.

1. 你可以在电脑上 打字 、跟朋友 ______、______、______ 等。
2. 你可以用手机 ______。
3. 你可以去餐厅 ______。
4. 你可以在花园里 ______。
5. 你可以在公园里 ______。
6. 你可以去附近的游泳池 ______。
7. 你可以去咖啡馆 ______。
8. 你可以去市中心 ______。

种花儿

聊天儿

打字

下载音乐

打羽毛球

查资料

购物

玩儿电脑游戏

吃午饭

喝咖啡

游泳
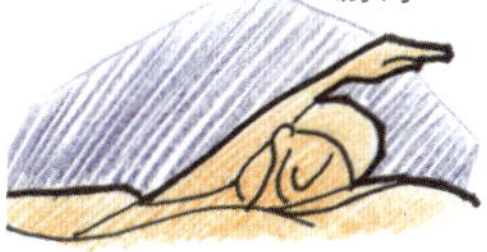

9 Höre zu und schreibe „f“ für falsch und „r“ für richtig. 16

___ 1 他每天跟同学打电话聊天儿。

___ 2 他经常去图书馆查资料。

___ 3 他现在已经不从网上下载音乐了。

___ 4 他每天在电脑上打字。

___ 5 他喜欢浏览地理网页。

___ 6 做完作业以后，他有时候玩儿一会儿电脑游戏。

AUFGABE

Lies den Hörverständnistext (S. 157) und beantworte die Fragen aus der Sicht eines Befragten.

10 Stelle deinen Mitschülern die folgenden Fragen.

1	2
- 如果你有一个月的假期，你会去哪个国家玩儿？ - 你会在那里住多久？ - 你会在那里做些什么？ - 你会买什么礼物给家人？ - 你大概会花多少钱？	- 如果你今天晚上没有作业，你会上网吗？ - 你会上几个小时的网？ - 你会在电脑上做些什么？ - 你睡觉前一个小时会做些什么？
3	**4**
- 如果你去大学读书，你会去哪个国家？ - 你会读什么？ - 你以后会做什么工作？ - 你会去哪儿工作？	- 如果今天下大雪，学校关门，你会请你的朋友来你家吗？ - 你会请几个朋友来你家？ - 你们会在一起干什么？

11 Gruppendiskussion

电脑的用途 (yòng tú)

- 可以在电脑上做功课
-
-
-
-
-
-
-
-
-
-
-

12 Sprechübung

Beispiel

我每天早上五点半起床，因为我家离学校很远。我每天先坐船，然后坐公共汽车上学。我起床后先洗澡，然后刷牙、吃早饭。我六点五十分离开家，坐七点的船。船要开三十五分钟。我们八点一刻开始上课。……我下午四点半到家。我一到家就先吃点儿东西，因为我总是很饿。……我一般九点就上床睡觉了。

AUFGABE Schildere der Klasse deinen Tagesablauf.

13 Vervollständige die Dialoge.

1. A: 你每天都去逛街，这样不好。 B:
2. A: 你在网上花的时间太多了。 B:
3. A: 我觉得你应该在汉语上多花点儿时间。 B:
4. A: 你每天都发脾气，没有人喜欢你。 B:
5. A: 你每天很晚睡觉，第二天起得太晚。 B:
6. A: 你学习不努力。这次汉语考试又考得不好。 B:

Beispielsätze

a) 你说得对。我应该每天学一个小时的汉语。
b) 我知道。我会提醒自己不要常去逛街。
c) 是。我应该提醒自己少上网。

AUFGABE Schreibt zu zweit einen ähnlichen Dialog.

Einheit 2

Lektion 5 Die Hausarbeit 家务

Mache dich bereit **Text 1**

A Füge jeder Kategorie möglichst viele Wörter hinzu.

1. 书架、双人床……
2. 客厅、卧室……
3. 爷爷、奶奶……
4. 游泳、打篮球……
5. 图书馆、公园……

洗菜

洗碗

B Höre die Aufnahme an und beantworte die Fragen. 17

1. 小文有兄弟姐妹吗?
2. 她从什么时候开始做家务?
3. 她父母工作忙的时候谁做晚饭?
4. 小文能做什么家务?
5. 小文的父母宠她吗?

吸尘

洗衣服

洗车

收拾房间

Vokabeln

1. 父 (fù) Vater
2. 母 (mǔ) Mutter
   父母 (fù mǔ) Eltern
3. 宠(寵) (chǒng) verwöhnen
4. 让(讓) (ràng) lassen
5. 家务 (jiā wù) Hausarbeit
6. 累 (lèi) müde
7. 吸 (xī) saugen
8. 尘(塵) (chén) Staub
9. 收 (shōu) aufnehmen; zurückholen
10. 拾 (shí) auflesen
    收拾 (shōu shi) aufräumen
11. 做饭 (zuò fàn) kochen; Essen bereiten

Text 1

suī rán xiǎo wén shì jiā li de dú shēng nǚ dàn shì
虽然小文是家里的独生女，但是
tā fù mǔ cóng lái bù chǒng tā cóng tā shàng xiǎo xué wǔ liù
她父母从来不宠她。从她上小学五六
nián jí kāi shǐ fù mǔ jiù jīng cháng ràng tā zuò yì xiē jiā
年级开始，父母就经常让她做一些家
wù yīn wèi fù mǔ píng shí gōng zuò tǐng máng de yì xīng
务。因为父母平时工作挺忙的，一星
qī xià lai yǐ jīng hěn lèi le suǒ yǐ tā zhōu mò cháng cháng
期下来已经很累了，所以她周末常常
bāng tā men xǐ chē xǐ yī fu xī chén shōu shi fáng jiān
帮他们洗车、洗衣服、吸尘、收拾房间
děng rú guǒ bà ba mā ma xià bān hòu hěn wǎn huí jiā
等。如果爸爸、妈妈下班后很晚回家，
tā yě huì zuò wǎn fàn
她也会做晚饭。

1 Bilde ein paar Sätze zu jedem Bild.

菜市场

Beispiel

我从来都不喜欢去菜市场买菜。我喜欢去超市买菜。

Wortvorschläge

a) 总是
b) 从来不
c) 经常/常常
d) 通常
e) 平时
f) 有时候

1 洗车

2 收拾房间

3 洗碗

4 做饭

5 洗衣服

6 吸尘

7 洗菜

2 Bildet kurze Dialoge.

Beispiel

你父母宠你吗？

他们特别宠我。他们不让我做家务。他们给我买各式各样的衣服，还有电脑游戏。

1 A: 你常常帮父母做家务吗？

B:

2 A: 你每天上网上多久？在网上都做些什么？

B:

3 A: 如果你们家的邻居很烦人，你怎么办？

B:

4 A: 如果你的钱包被人偷了，你妈妈会说什么？

B:

5 A: 如果你晚上想去朋友家玩儿，你妈妈会说什么？

B:

6 A: 如果你花钱大手大脚，你妈妈会说什么？

B:

AUFGABE

Bilde einen ähnlichen Dialog mit einem Mitschüler.

3 Stelle deinen Mitschülern die folgenden Fragen.

1. 你会让你的弟弟、妹妹用你的东西吗？用你的什么东西？
2. 你会让你的弟弟、妹妹睡你的床吗？为什么？
3. 你会让你的弟弟、妹妹用你的电脑吗？为什么？
4. 你妈妈会让你跟朋友一起去旅游吗？为什么？
5. 如果你朋友有困难，你会帮他吗？你会怎样帮他？
6. 如果你朋友借钱不还，你还会再借给他钱吗？
7. 如果你想买一条一千块钱的牛仔裤，你父母会让你买吗？
8. 如果你要买的东西妈妈不让你买，你怎么办？

4 Vervollständige die Sätze.

1. 虽然今天下大雨，______
2. 我从六岁______
3. 因为今天下大雪，______
4. 妈妈一下班就______
5. 我每天放学后先______
6. 我只有在周末______
7. 我叔叔刚结婚，______
8. 我从来不______
9. ______跟我的一样贵。
10. 她长得又______
11. 爸爸星期六早上通常______
12. 我会上一会儿网，______
13. 你把我吵醒了，______
14. 我的书包被人偷了，______
15. 我喜欢做运动，比如______
16. 我做完作业以后______

5 Höre zu und beantworte die Fragen.

18

1 他有兄弟姐妹吗？有几个？

2 他爸爸做什么工作？他经常去哪儿出差？

3 他妈妈做什么工作？她工作忙吗？

4 他平时在家做家务吗？

5 他星期天做什么家务？

6 他觉得学生应该做家务吗？

AUFGABE Lies den Hörverständnistext (S. 157) und beantworte die Fragen aus der Sicht eines Befragten.

6 Sprechübung

Beispiel

- 我是个混血儿。我爸爸是德国人，妈妈是中国人。我家有四口人：爸爸、妈妈、姐姐和我。我今年上十年级，在上海中学上学。我姐姐比我大六岁，她现在在美国上大学。在家我父母从来都不宠我。周末，我通常帮父母……
- 我这个人心地很善良，也乐意帮助人，但是……
- 我有很多爱好。我特别喜欢……

AUFGABE Stelle dich selbst oder einen deiner Geschwister oder Cousins/Cousinen vor.

Mache dich bereit | Text 2

A Stelle deinen Mitschülern die folgenden Fragen.

你在家做什么家务？

剪草

钓鱼

B Füge jeder Kategorie möglichst viele Wörter hinzu.

1. 蔬菜：青菜……
2. 水果：苹果……
3. 中餐：炒饭……
4. 西餐：烤牛排……
5. 零食：糖果……

烧烤

野餐

C Höre die Aufnahme an und beantworte die Fragen. 19

1. 她帮父母做什么家务？
2. 她干的家务活儿重吗？
3. 她和家人什么时候去野餐、钓鱼？
4. 她和家人在花园里干什么？
5. 她只会做什么菜？

熨衣服

擦地板

收拾房间

吸尘

Vokabeln

* 1. 种(種) (zhòng) pflanzen; anbauen
   种花儿 (zhòng huār) Blumen pflanzen
2. 剪 (jiǎn) schneiden; mähen
3. 草 (cǎo) Gras
   剪草 (jiǎn cǎo) Gras mähen
4. 烧烤 (shāo kǎo) grillen
5. 野 (yě) offenes Land; wild
   野餐 (yě cān) Picknick
6. 轻(輕) (qīng) leicht; einfach
7. 活儿 (huór) Arbeit
8. 熨 (yùn) bügeln
9. 擦 (cā) putzen
10. 板 (bǎn) Brett; Platte
    地板 (dì bǎn) Fußboden
11. 窗 (chuāng) Fenster
    窗户 (chuāng hu) Fenster
12. 简(簡) (jiǎn) einfach
    简单 (jiǎn dān) einfach

Text 2

nǐ hé jiā rén zhōu mò tōngcháng zěn me guò
你和家人周末通常怎么过?

wǒ men yǒu shí hou zài huā yuán li zhòng huār
我们有时候在花园里种花儿、
jiǎn cǎo yǒu shí hou qù kàn diàn yǐng zuò yùn
剪草，有时候去看电影、做运
dòng diào yú yě cān děng
动、钓鱼、野餐等。

nǐ píng shí bāng mā ma zuò jiā wù ma
你平时帮妈妈做家务吗?

yǒu shí hou bāng mā ma gàn yì xiē qīng huór bǐ rú
有时候帮妈妈干一些轻活儿，比如
yùn yī fu cā dì bǎn cā chuāng hu děng děng
熨衣服、擦地板、擦窗户等等。

nǐ huì chǎo cài ma
你会炒菜吗?

wǒ zhǐ huì zuò jiǎn dān de cài bǐ rú xī hóng shì chǎo jī dàn
我只会做简单的菜，比如西红柿炒鸡蛋。

7 Bilde ein paar Sätze zu jedem Bild.

种花儿

Beispiel

我爸爸特别喜欢种花儿。在我家的后花园里，他种了各种各样、五颜六色的花儿。

1 剪草

2 熨衣服

3 擦地板

4 吸尘

5 洗衣服

6 擦桌子

7 洗车

8 去超市买东西

9 收拾房间

10 洗碗

8 Aktion

Beispiel

老 师：家务活儿
学生1：吸尘
学生2：剪草
学生3：熨衣服
……

KATEGORIEN

a) 家务活儿	f) 车辆
b) 性格	g) 服装
c) 亲戚	h) 文具
d) 工作	i) 商店
e) 家具	j) 食物

ANWEISUNG

1 Die ganze Klasse soll an der Übung teilnehmen.

2 Der Lehrer nennt eine Kategorie, zu der die Schüler weitere Wörter auflisten.

3 Es scheiden diejenigen aus, deren Wörter nicht zu der angegeben Kategorie passen.

9 Vervollständige die Sätze.

1. 我只会做一个简单的菜：西红柿炒蛋。
2. 我的钱包里只有 ____________
3. 我们家只有 ____________
4. 我只去过 ____________
5. 我只吃过 ____________
6. 我只会说 ____________
7. 我只能坐 ____________
8. 我只想 ____________
9. 我只在早上 ____________
10. 学生只可以在课间休息时 ____________

10 Bildet zu zweit einen Dialog.

Situationen

两个老朋友住在两个国家。她们已经有一个月没有通电话了。现在她们俩在通话。

Beispiel

小雪：我是小雪。

小欢：你好！好久没有给你打电话了。你好吗？忙吗？

小雪：我很好，不算太忙。

小欢：你的新学校好吗？喜欢吗？

小雪：挺喜欢的。我们早上八点半上课，下午四点放学。

小欢：你每天放学后做什么？

小雪：我先做作业，然后出去打一个小时的网球，打完球后回家吃晚饭。

小欢：你晚上做什么？

小雪：我看一会儿电视、上一会儿网，有时候打电话跟同学聊天儿。

小欢：这个周末你想做什么？

小雪：星期六我帮妈妈做点儿家务。星期天我们一家人去教堂。

小欢：有时间就打电话。

小雪：我会的。再见！

11 Höre zu und schreibe „f" für falsch und „r" für richtig.

20

___ 1 他们家住洋房。

___ 2 他家有两个花园。

___ 3 他喜欢钓鱼、踢球和打桥牌。

___ 4 他妈妈不工作，是家庭主妇。

___ 5 他帮妈妈擦地板、擦门窗、吸尘等等。

___ 6 天气好的时候，他们家会在花园里野餐。

AUFGABE Lies den Hörverständnistext (S. 157) und bilde mit einem Mitschüler einen ähnlichen Dialog.

12 Stelle fünf deiner Mitschüler die folgenden Fragen.

1. 在家里，你通常帮父母做些什么家务？
2. 你每天用几个小时电脑？在电脑上都做些什么？
3. 你对什么最感兴趣？你在大学里想学什么？你以后想做什么工作？

Berichte an die Klasse: 两个同学在家做家务。他们通常……

13 Aktion

1. 快→慢	2. 长→	3. 直→
4. 大→	5. 高→	6. 哭→
7. 新→	8. 暑→	9. 醒→
10. 多→	11. 买→	12. 难看→
13. 冷→	14. 借→	15. 便宜→
16. 白→	17. 近→	18. 容易→
19. 阴→	20. 饿→	21. 暖和→

ANWEISUNG

1. Die Klasse wird in kleine Gruppen eingeteilt.
2. Jede Gruppe notiert Wörter mit gegenteiliger Bedeutung (Antonyme) zu den auf der linken Seite angegebenen Wörtern.
3. Die Gruppe mit den meisten richtigen Wörtern gewinnt.

Einheit 2

Lektion 6 Haustiere 宠物

Mache dich bereit **Text 1**

A Ordne die Bilder den passenden Zähleinheitswörtern im Kasten zu.

1

2

3

Zähleinheitswörter	
a) 匹	c) 条
b) 只	d) 头

4

5

6
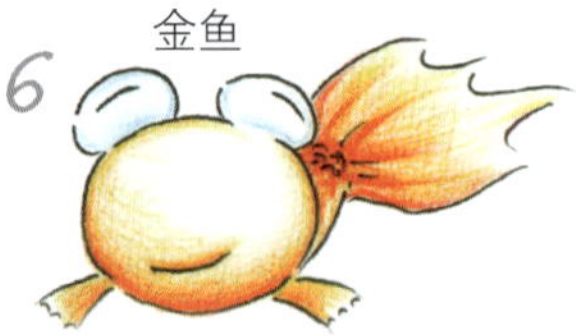

7

8

9

10

11

12

B Höre die Aufnahme an und beantworte die Fragen. 21

1. 她小时候养过什么宠物？
2. 她的猫叫什么名字？
3. 她为什么给它起这个名字？
4. 她的猫长什么样儿？
5. 她的猫是什么样的性格？

Vokabeln

1. yǎng 养(養) züchten; ernähren; gebären
2. chǒng wù 宠物 Haustier
3. guī 龟(龜) Schildkröte
   wū guī 乌龟 Schildkröte
4. niǎor 鸟(鳥)儿 Vogel
5. tù 兔 Kaninchen; Hase
   tù zi 兔子 Kaninchen; Hase
6. tā 它 es
7. quánshēn 全身 auf dem ganzen Körper
8. xiàng 像 ähneln; gleichen
9. pō 泼(潑) besprengen; ausschütten
   huó pō 活泼 lebhaft; munter
10. shí fēn 十分 sehr; ganz
11. kě ài 可爱 niedlich

Text 1

wǒ cóng xiǎo jiù xǐ huan yǎng chǒng wù wǒ yǎng
我从小就喜欢养宠物。我养
guo wū guī niǎor hé tù zi wǒ xiàn zài yǎng de
过乌龟、鸟儿和兔子。我现在养的
shì yì zhī māo jiào xiǎo xuě yīn wèi tā quán
是一只猫，叫“小雪”，因为它全
shēn de máo dōu shì bái de jiù xiàng yí ge xiǎo xuě
身的毛都是白的，就像一个小雪
qiú xiǎo xuě jīn nián liǎng suì le tā dà yǎn jing
球。小雪今年两岁了。它大眼睛、
xiǎo bí zi xiǎo ěr duo tā huó pō hào dòng
小鼻子、小耳朵。它活泼、好动，
shí fēn kě ài wǒ jīng cháng gēn tā yì qǐ wánr
十分可爱。我经常跟它一起玩儿。

1 Stelle deinen Mitschülern die folgenden Fragen.

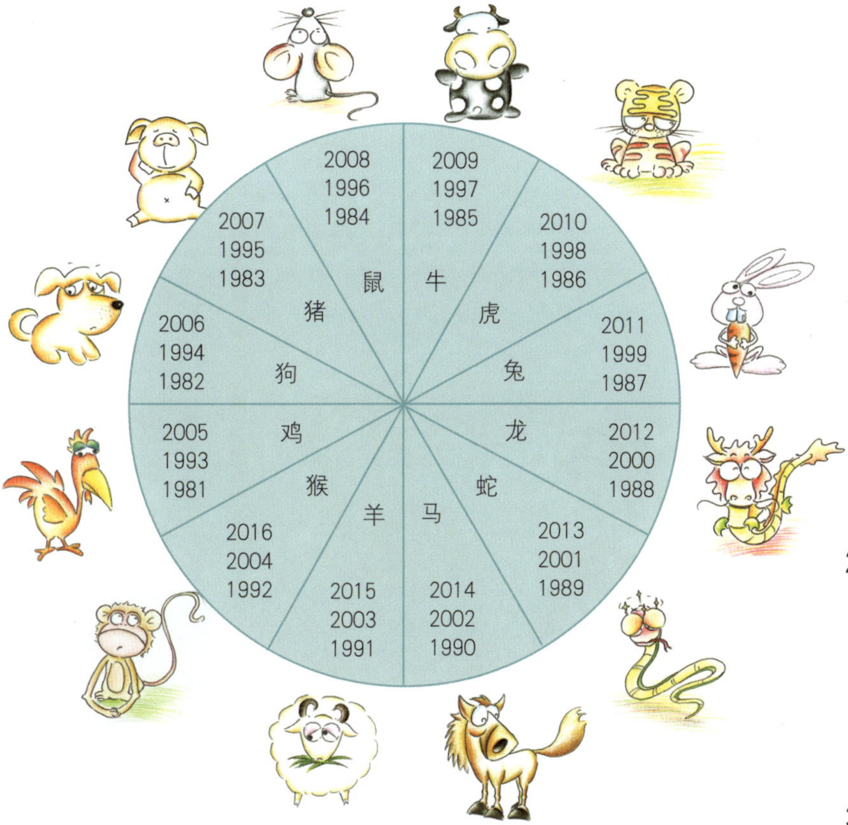

Zusatzvokabeln

a) 鼠 (shǔ)　　d) 蛇 (shé)
b) 虎 (hǔ)　　e) 猴 (hóu)
c) 龙 (lóng)　　f) 属 (shǔ)

1. 你爸爸是哪年生的？他属什么？他是什么样的性格？
2. 你妈妈是哪年生的？她属什么？她是什么样的性格？
3. 你是哪年生的？你属什么？你是什么样的性格？

2 Stelle deinen Mitschülern die folgenden Fragen.

1. 你养过乌龟、鸟儿或兔子吗？如果没有养过，那你养过什么宠物？
2. 你吃过木瓜吗？如果没有吃过，那你吃过什么热带水果？
3. 你吃过油条或包子吗？如果没有吃过，那你吃过什么中式早餐？
4. 你吃过生鱼片吗？如果没有吃过，那你想不想吃？
5. 你去过西班牙吗？如果没有去过，那你想不想去？
6. 你打过高尔夫球吗？如果没有打过，那你想不想打？

AUFGABE Bilde zwei weitere Sätze. Benutze dabei die oben angegebene Satzstruktur.

3 Sprechübung

Beispiel

他长得高高的。他大眼睛……他的头发不长不短。……他长得一般。他穿……

Wortvorschläge

a) 个子
b) 皮肤
c) 直发
d) 漂亮
e) 难看
f) 帅
g) 可爱

4 Rollenspiel

Beispiel

妈妈：不要给猫吃鸡肉。
儿子：那我给它吃什么？
妈妈：你应该给它吃鱼。
儿子：好。

Situationen

1
爸爸：不要让狗睡在床上！
女儿：

2
老师：不要在白板上画画儿！
学生：

3
邻居：不要在房间里踢球！
男孩儿：

4
姐姐：不要再打电话了！
妹妹：

5
哥哥：不要玩儿电脑游戏了！
弟弟：

6
爷爷：不要在这条河里钓鱼！
男孩儿：

5 Liste mit Hilfe eines Wörterbuches Wörter auf, die Persönlichkeitseigenschaften einer Person beschreiben.

性格： 活泼 ________ ________ ________ ________

________ ________ ________ ________ ________

________ ________ ________ ________ ________

6 Höre zu und schreibe „f“ für falsch und „r“ für richtig.

22

___ 1 小文家养了三头牛和五匹马。

___ 2 小云以前养过狗，但现在她不养狗了。

___ 3 小美现在只有四条金鱼了。

___ 4 大生养的兔子非常可爱，长着白白的毛和一双红红的眼睛。

___ 5 小明现在没有养乌龟。

___ 6 小天每天放学以后跟他的猫一起玩儿。

AUFGABE

Lies den Hörverständnistext (S. 157) und stelle jeweils eine Frage zu den vorgestellten Personen.

7 Bildet zu zweit einen Dialog.

1. A：他们俩长得很像。

B：

2. A：他长得像混血儿。

B：

3. A：她穿上和服像日本人。

B：

4. A：这水果像苹果也像梨。

B：

5. A：她长得不像她父亲，也不像她母亲。

B：

6. A：这个人不像医生。

B：

Satzvorschläge

a) 她是领养的。
b) 那当然，他们是两兄弟。
c) 那当然，她是日本人。
d) 她不是医生，她是护士。
e) 怎么会呢？我觉得是苹果。
f) 是。他爸爸是美国人，他妈妈是日本人。

A Sage ein paar Sätze zu jedem Tier.

Beispiel

小鸡身上的毛是金黄色的。它的嘴巴尖尖的。小鸡吃米和小虫子。

Wortvorschläge

a) 尖 (jiān)
b) 扁 (biǎn)
c) 爬 (pá)
d) 骨头 (gǔ tou)
e) 角 (jiǎo)
f) 壳儿 (kér)
g) 胡萝卜 (hú luó bo)

1

2

3

4

B Höre die Aufnahme an und beantworte die Fragen. 23

1. 他养了什么宠物？
2. 他的宠物长什么样儿？
3. 他每天为宠物做什么？
4. 养宠物麻烦吗？
5. 他妈妈是不是不太喜欢养宠物？为什么？

5
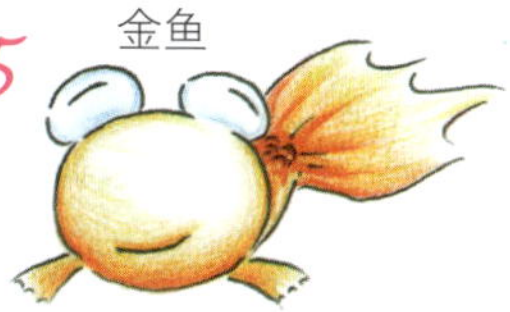

6

7

8

9

10

11

Vokabeln

1. 金黄色 (jīn huáng sè) goldgelb; golden
2. 尾 (wěi) Schwanz
   尾巴 (wěi ba) Schwanz
3. 喂 (wèi) füttern
4. 散 (sàn) sich lösen; auseinandergehen
   散步 (sàn bù) spazieren gehen; Spaziergang
5. 脏(髒) (zāng) schmutzig
6. 麻 (má) Hanf; Jute
   麻烦 (má fan) lästig; umständlich
7. 净 (jìng) sauber
   干净 (gān jìng) sauber

Text 2

nǐ yǎng le shén me chǒng wù
你养了什么宠物？

wǒ yǎng le yì zhī gǒu
我养了一只狗。

nǐ de gǒu zhǎng shén me yàngr
你的狗长什么样儿？

tā zhǎng zhe jīn huáng sè de juǎn máo yǎn jing dà dà de bí zi xiǎo xiǎo de ěr duo cháng cháng de wěi ba duǎnduǎn de
它长着金黄色的卷毛，眼睛大大的，鼻子小小的，耳朵长长的，尾巴短短的。

nǐ měi tiān wèi tā zuò shén me
你每天为它做什么？

wǒ yào wèi tā gěi tā xǐ zǎo
我要喂它，给它洗澡。

wǒ měi tiān zuò wán zuò yè yǐ hòu hái yào dài tā qù sàn bù
我每天做完作业以后还要带它去散步。

nǐ jué de yǎng chǒng wù zāng ma má fan ma
你觉得养宠物脏吗？麻烦吗？

wǒ bù jué de zāng kě shì wǒ mā ma bù xǐ huan yīn wèi tā tài ài gān jìng le yǎng chǒng wù yǒu diǎnr má fan
我不觉得脏，可是我妈妈不喜欢，因为她太爱干净了。养宠物有点儿麻烦。

AUFGABE

Setze das Gespräch fort.

8 Sprechübung

AUFGABE

Berichte über Erfahrungen, die du mit deinen Haustieren gemacht hast.

Beispiel

很多动物可以当宠物养。有的人喜欢养狗，有的人喜欢养猫，还有的人喜欢养金鱼、鸟儿、乌龟等。我小时候养过一只狗。我觉得养狗很麻烦。我现在养了……

9 Bilde zu jedem Bild einen Satz.

Beispiel

我做完作业以后带小狗出去散步。

1

2

3

4

5

6

7

8

10 Höre zu und schreibe „f“ für falsch und „r“ für richtig.

24

___ 1 她妈妈和她都喜欢养马，也喜欢骑马。

___ 2 她骑马比她妈妈骑得好得多。

___ 3 她小时候，妈妈教她骑马。

___ 4 她们家现在养了两匹马。

___ 5 养马很麻烦，因为马经常生病。

___ 6 她每天给马洗澡、刷毛，还要骑马出去散步。

AUFGABE Lies den Hörverständnistext (S. 158) und schreibe den Dialog in einen Erzähltext um.

11 Sprechübung

Beispiel

我每天早上六点半起床。起床后先洗脸、刷牙、梳头，然后吃早饭。我七点一刻去上学。平时我妈妈开车送我上学。我们八点开始上课：上午上三节课，下午上两节课。我们中午十二点半吃午饭。我一般带午饭去学校吃。我们三点四十五分放学。我总是坐地铁回家。我一到家就做作业，或者浏览我喜欢的网站。…… 我一般十点半睡觉。

AUFGABE Schildere deinen Tagesablauf.

12 Gruppendiskussion

1. 什么样的人很烦？

1. ______________________
2. ______________________
3. ______________________
4. ______________________
5. ______________________
6. ______________________
7. ______________________
8. ______________________

2. 善良的人做什么好事？

1. ______________________
2. ______________________
3. ______________________
4. ______________________
5. ______________________
6. ______________________
7. ______________________
8. ______________________

13 Präsentation

Beispiel

我最喜欢的运动员叫刘(liú)翔(xiáng)。他是中国人，他1983年出生在上海。刘翔是世界有名的跨(kuà)栏(lán)运动员。他从小学四年级开始练跳高和100米短跑。2004年，他在雅(yǎ)典(diǎn)奥(ào)运(yùn)会(huì)男子110米跨(kuà)栏(lán)决(jué)赛(sài)中取(qǔ)得(dé)了冠(guàn)军(jūn)……

ANWEISUNG

Stelle dein(e) Idol(e) vor. Das können Athleten, Sänger, Schauspieler, Musiker, Politiker usw. sein.

Einheit 3

Lektion 7 Die Schule 学校

Mache dich bereit Text 1

A Paararbeit. Beschreibe deine Traumschule und bitte deinen Mitschüler sie zu zeichnen.

Beispiel

我理想中的学校是这样的。学校有一个大礼堂……

B Liste die außerschulischen Aktivitäten auf, die deine Schule anbietet.

Beispiel

篮球

排球……

C Höre die Aufnahme an und beantworte die Fragen. 25

1. 她在哪所学校上学？
2. 学校为学生安排课外活动了吗？
3. 她的学校离市中心远吗？
4. 她可不可以每个周末都回家？
5. 她为什么喜欢她的学校？

Vokabeln

* 1. 所 (suǒ) Zähleinheitswort
2. 法文 (fǎ wén) Französisch
3. 际(際) (jì) zwischen; unter
   国际 (guó jì) international
4. 寄 (jì) schicken; senden
5. 宿 (sù) übernachten
   寄宿 (jì sù) im Internat wohnen; sich einquartieren
   寄宿学校 (jì sù xué xiào) Internat
6. 舍 (shè) Haus; Hütte
   宿舍 (sù shè) Wohnheim
7. 设(設) (shè) einrichten; errichten
8. 施 (shī) ausführen; durchführen
   设施 (shè shī) Anlage; Einrichtung
9. 齐(齊) (qí) ordentlich; alles bereit
   齐全 (qí quán) komplett vorhanden sein
10. 安 (ān) Sicherheit; beruhigen
    安排 (ān pái) organisieren; arrangieren
11. 丰(豐) (fēng) reichlich
    丰富 (fēng fù) zahlreich; reichlich
    丰富多彩 (fēng fù duō cǎi) vielfältig
12. 趟 (tàng) Zähleinheitswort

Text 1

wǒ zài yì suǒ fǎ wén guó jì xué xiào shàng xué

我在一所法文国际学校上学。

wǒ men xué xiào shì jì sù xué xiào xué xiào hěn dà

我们学校是寄宿学校。学校很大，

yǒu sān zhuàng sù shè lóu shè shī fēi cháng qí quán

有三幢宿舍楼，设施非常齐全。

xué xiào hái wèi xué sheng ān pái le fēng fù duō cǎi de kè

学校还为学生安排了丰富多彩的课

wài huó dòng xué xiào lí shì zhōng xīn hěn yuǎn wǒ

外活动。学校离市中心很远。我

men yì bān měi liǎng ge xīng qī huí jiā yí tàng wǒ hěn

们一般每两个星期回家一趟。我很

xǐ huan wǒ de xué xiào zài xué xiào wǒ yǒu hěn duō péng

喜欢我的学校。在学校我有很多朋

you lǎo shī duì wǒ yě hěn hǎo

友，老师对我也很好。

AUFGABE

Liste Aktivitäten auf, die deiner Meinung nach an dieser Schule angeboten werden sollten.

1 Sage ein paar Sätze zu jedem Schulfach.

Beispiel

地理

地理不太难学，作业也不太多，但是我对地理不感兴趣。

Wortvorschläge

a) 不太难
b) 很容易
c) 有意思
d) 有趣
e) 对……好
f) 对……感兴趣
g) 测验
h) 考试

1 
数学

2 

汉语

3 
体育

4 
美术

5 
化学

6 
生物

7 
历史

8 
电脑

9 
音乐

10 
物理

2 Projekt

ANWEISUNG

Konzipiere für ein Jugendzentrum ein paar Nachmittagskurse aus den Bereichen Sprache, Musik, Sport oder ähnliches.

Beispiel

乒乓球

对象：8~14岁
人数：20人
活动日期：1月1日~3月31日
活动时间：周三 14:00–15:00
活动地点：东门会所
教练：王老师
收费：每期每人¥850.00

钢琴课

对象：12~18岁
人数：10人
活动日期：4月1日~6月30日
活动时间：周六 10:00–11:00
活动地点：青年宫琴房
教练：李老师
收费：每期每人¥1200.00

3 Ergänze die Lücken mit passenden Zähleinheitswörtern.

1. 回一<u>趟</u>家
2. 请一___老师
3. 开一___学校
4. 买一___衬衫
5. 喝一___咖啡
6. 养一___宠物
7. 戴一___帽子
8. 借一___铅笔
9. 请两___病假
10. 看一___报纸
11. 搬一___家
12. 过一___桥
13. 煎一___鸡蛋
14. 画一___油画
15. 踢一___足球
16. 走进一___庙

ACHTUNG

a) „个、只、张、条" usw. sind Zähleinheitswörter für Nomen.
b) „次、场" und „趟" sind Zähleinheitswörter für Handlungen.

Beispiel

这是我以前就读的学校。我们学校叫京西一中，是一所国际学校。学校设施齐全。学校有一个图书馆，图书馆里有各种各样的书、报纸和杂志。我们学校还有……

AUFGABE

Zeichne eine Schule, die du einmal besucht hast und stelle sie dann der Klasse vor.

5 Höre zu und beantworte die Fragen.

26

1. 他介绍的学校叫什么名字？
2. 这是一所什么样的学校？
3. 这所学校有什么设施？（列出四个）
4. 学校的课外活动有多少种？（列出三种）
5. 他今年参加了什么课外活动？
6. 他不喜欢这所学校的哪些方面？

AUFGABE Lies den Hörverständnistext (S. 158) und stelle dazu fünf Fragen.

6 Interviewe deinen Mitschüler.

《 Beispielfragen:

1. 你们学校叫什么名字？你们学校离市中心远吗？
2. 你们学校一共有多少学生？多少老师？
3. 你们学校有什么设施？你经常用哪些设施？
4. 你们学校为学生安排了什么课外活动？
5. 你今年学几门课？什么课？
6. 你最喜欢上什么课？为什么？
7. 你最不喜欢上什么课？为什么？
8. 你喜欢这所学校吗？为什么？

……

Berichte an die Klasse: 他们学校叫……

A Notiere deinen Stundenplan.

	星期一	星期二	星期三	星期四	星期五
第一节					
第二节					
第三节					
第四节					
第五节					
第六节					

B Höre die Aufnahme an und beantworte die Fragen. 27

1. 这位新生刚来学校几天?
2. 他已经拿到课程表了吗?
3. 他为什么经常找不到地方?
4. 他今天第三节上什么课?
5. 上体育课学生要带什么去?
6. 如果这位新生有问题,有人会帮他吗?

Vokabeln

1. 节(節) jié Zähleinheitswort
* 2. 得 děi brauchen; müssen
3. 更 gēng ändern; wechseln
   更衣室 gēng yī shì Umkleidekabine
4. 浴巾 yù jīn Badetuch
5. 新生 xīn shēng neuer Schüler; Anfänger
6. 拿 ná nehmen; halten
7. 课程表 kè chéng biǎo Stundenplan
8. 惯(慣) guàn an etwas gewöhnt sein
   习惯 xí guàn sich umstellen; an etwas gewöhnt sein; sich an etwas gewöhnen
9. 熟 shú reif; gar
10. 悉 xī wissen; erfahren
    熟悉 shú xi gut kennen
11. 地方 dì fang Platz; Stelle
12. 担(擔) dān tragen
    担心 dān xīn sich Sorgen machen
13. 题(題) tí Thema; Titel
    问题 wèn tí Frage; Problem
14. 感谢 gǎn xiè dankbar sein; sich bedanken

Text 2

wǒ men dì sān jié shàng shén me kè
我们第三节上什么课？

shàng tǐ yù kè nǐ děi xiān qù gēng yī shì huàn yī fu
上体育课。你得先去更衣室换衣服。
nǐ dài yóu yǒng kù hé yù jīn le ma nǐ shì xīn shēng ba
你带游泳裤和浴巾了吗？你是新生吧？

shì gāng lái liǎng tiān hái méi yǒu
是。刚来两天，还没有
ná dào kè chéng biǎo ne
拿到课程表呢。

xí guàn wǒ men xué xiào le ma
习惯我们学校了吗？

bú tài xí guàn yīn wèi wǒ duì xué xiào hái bù shú
不太习惯。因为我对学校还不熟
xī suǒ yǐ jīng cháng zhǎo bú dào dì fang
悉，所以经常找不到地方。

bié dān xīn yǒu wèn tí nǐ jiù lái wèn wǒ
别担心，有问题你就来问我。

nà tài gǎn xiè nǐ le
那太感谢你了！

bié kè qi
别客气！

7 Vervollständige die Sätze.

1. 我们得先去买菜，然后再去买些肉、鱼和鸡蛋。
2. 你得先擦桌子，＿＿＿＿＿＿＿＿＿＿
3. 你得先做作业，＿＿＿＿＿＿＿＿＿＿
4. 你得先坐地铁，＿＿＿＿＿＿＿＿＿＿
5. 你得先打电话，＿＿＿＿＿＿＿＿＿＿
6. 你得先去北京，＿＿＿＿＿＿＿＿＿＿

8 Vervollständige die Dialoge.

Beispiel

妈妈：别吃了！你吃得太多了！

女儿：我只吃了十块糖。

1. 妈妈：你别再打电话了！快去睡觉。

儿子：______

2. 爸爸：别出去了！外面在下大雪。

女儿：______

3. 奶奶：别吵了！妹妹正在睡觉。

男孩：______

4. 哥哥：别再听音乐了！快去吃饭。

弟弟：______

5. 姐姐：别玩儿电脑游戏了！你还没有做完作业。

妹妹：______

6. 老师：别在教室里踢足球！去外面踢。

男生：______

9 Wandle die Verben ins Gegenteil um und gib die Bedeutung an.

1. 看得见→看不见
2. 吃得完→
3. 做得完→
4. 画得完→
5. 买得到→
6. 写得完→

Übungsschwerpunkt

Das Komplement der Möglichkeit

找得到→找不到

(Verneinung)

10 Vervollständige die Dialoge.

Beispiel

老师：你的书包呢？
学生：我不知道。我找不到我的书包。
老师：你把书包放在哪儿了？
学生：放在教室里，然后我就去吃午饭了。吃完午饭回到教室，书包就不见了。

女儿：我去了好几家文具店，还是买不到这种计算器。 妈妈：…… 1	爸爸：你不喜欢吃这些菜？ 女儿：不喜欢。在伦敦吃不到地道的上海菜。 …… 2
儿子：妈妈，我吃不完这碗饭。 妈妈：…… 3	学生：老师，我做不完今天的作业。 老师：…… 4

11 Übersetze vom Deutschen ins Chinesische.

1. Ist das dein Schirm?
2. Sind dies Xiaomings Socken?
3. Meine Schultasche ist hier. Wo ist deine?
4. Gehen wir Kaffee trinken!
5. Hast du früher einmal Haustiere gehabt?

Übungsschwerpunkt

吗 呢 吧

12 Rollenspiel

ANWEISUNG

Deine Klasse hat einen neuen Mitschüler. Du führst ihn über das Schulgelände und stellst ihm deine Schule vor.

Beispiel

我现在带你去看一下学校。

谢谢你。

这是我们的实验楼。化学实验室在一楼。二楼有电脑室。

这幢楼里有什么？

有校长室、图书馆……

图书馆楼上都是教室吗？

是。

教师办公室在哪儿？

……

13 Höre zu und schreibe „f" für falsch und „r" für richtig.

28

___ 1 这是一个新生跟他爸爸的对话。

___ 2 这位新生已经来到这所学校一周了。

___ 3 一星期下来，他还是记不住老师的名字。

___ 4 他的同班同学都对他很好。

___ 5 他每天带三明治来学校吃。

___ 6 他今年会参加课外活动。

AUFGABE

Lies den Hörverständnistext (S. 158) und schreibe etwas über den Schüler.

Einheit 3

Lektion 8 Die Prüfung 考试

Mache dich bereit **Text 1**

A Schreibe etwas zu jedem Schulfach, das du dieses Schuljahr belegst.

我对数学不太感兴趣。数学太难学了。我的数学老师教得一般。他每次都给我们留很多作业，所以我不喜欢上数学课。我喜欢……

B Höre die Aufnahme an und beantworte die Fragen. 29

1. 他什么时候参加中学会考？
2. 他会考的科目有几门？
3. 他怕不怕考试？
4. 他平时考试成绩怎么样？
5. 他知道自己为什么考试不能得高分吗？

Vokabeln

1. 底 (dǐ) Boden; Ende
2. 至 (zhì) bis; bis zu
3. 初 (chū) Anfang; Beginn
4. 参(參) (cān) teilnehmen; sich beteiligen
   参加 (cān jiā) teilnehmen; sich anschließen
5. 会考 (huì kǎo) einheitliche Prüfung, Zentralklausur (einheitliche Klausur für Schüler verschiedener Schulen)
6. 怕 (pà) fürchten; Angst haben
7. 紧(緊) (jǐn) straff; fest; hart
8. * 张(張) (zhāng) spannen; öffnen; Zhang (Familienname)
   紧张 (jǐn zhāng) nervös; gespannt
9. 用功 (yòng gōng) fleißig
10. 以前 (yǐ qián) vor; vorher
11. 真 (zhēn) wahr; wirklich
    认真 (rèn zhēn) ernsthaft; fleißig und sorgfältig
12. 复(複) (fù) wiederholt
    复习 (fù xí) (den Unterrichtsstoff) wiederholen
13. 及 (jí) reichen
    及格 (jí gé) (eine Prüfung) bestehen
14. 成 (chéng) vollenden; Erfolg
15. 绩(績) (jì) Erfolg; Leistung
    成绩 (chéng jì) Erfolg; Ergebnis
16. * 得 (dé) bekommen; gewinnen
17. 分 (fēn) Punkt; Note
    得……分 (dé … fēn) eine Punktzahl/Punkte erzielen

Text 1

wǒ míng nián wǔ yuè dǐ zhì liù yuè chū yào cān jiā zhōng xué
我明年五月底至六月初要参加中学
huì kǎo huì kǎo de kē mù yǒu shù xué yīng yǔ hàn
会考。会考的科目有：数学、英语、汉
yǔ lì shǐ dì lǐ měi shù wù lǐ huà xué
语、历史、地理、美术、物理、化学、
shēng wù hé diàn nǎo wǒ bú pà kǎo shì dàn zǒng shì yǒu
生物和电脑。我不怕考试，但总是有
diǎnr jǐn zhāng wǒ píng shí xué xí hái suàn yòng gōng kǎo shì
点儿紧张。我平时学习还算用功，考试
yǐ qián huì rèn zhēn fù xí měi cì kǎo shì dōu néng jí gé
以前会认真复习。每次考试都能及格，
chéng jì hái suàn bú cuò kě shì hěn shǎo dé gāo fēn wǒ
成绩还算不错，可是很少得高分。我
bù zhī dào shì zěn me huí shìr
不知道是怎么回事儿。

1 Interviewe deinen Mitschüler.

《 Beispielfragen:

1. 你爸爸是哪国人？你在家跟他说什么语言？
2. 你妈妈是哪国人？你在家跟她说什么语言？
3. 你们学校的教学语言是什么语言？
4. 你的母语是什么语言？你会说什么方言？
5. 你会说几种外语？哪几种？你喜欢学外语吗？你今后想学什么外语？
6. 你现在在学什么外语？难学吗？你是从什么时候开始学的？
7. 你的第一个外语老师是哪国人？他／她教得怎么样？

……

Berichte an die Klasse:

他爸爸是德国人。在家里，他跟爸爸说……

2 Aktion

Beispiel

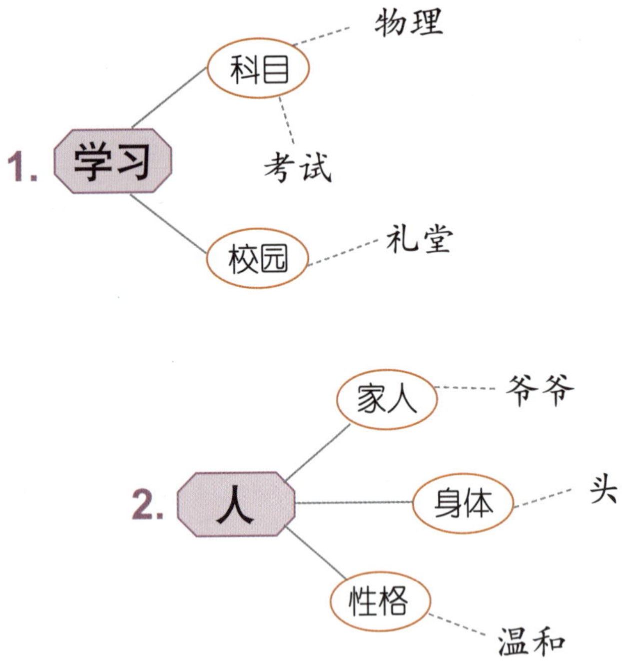

ANWEISUNG

1 Die Klasse wird in kleine Gruppen eingeteilt.

2 Jede Gruppe soll, dem Beispiel folgend, ein Baumdiagramm auf ein Blatt DIN A4 Papier zeichnen.

3 Die Blätter werden am Ende gemischt und neu ausgeteilt. Jede Gruppe muss prüfen, ob die Wörter den richtigen Kategorien zugeordnet wurden.

3 Interviewe zwei deiner Mitschüler.

《 Beispielfragen:

1. 你们学校的考试多不多？哪门课考试最多？
2. 你们平时汉语测验多吗？一个月几次？
3. 你们每个星期都有听写吗？你一般得多少分？
4. 上一次的单元测验难不难？你及格了吗？得了多少分？
5. 你平时怕考试吗？考试以前你一般会复习多长时间？
6. 你是一个用功的学生吗？你是不是每晚都复习一下汉语？
7. 你们下一次的汉语单元测验会在什么时候？

……

4 Vervollständige die Dialoge.

Beispiel

A：昨天晚上我醒了三四次，不知道怎么回事儿。

B：你睡觉以前有没有喝水？

A：喝了。我喝了两杯水。

B：你现在知道为什么了吧？

Situationen

1

A：昨晚大概两点钟我听见有人在房门口说话。

B：

2

A：我跟生人说话很紧张。

B：

3

A：我每次数学考试都不及格，不知道怎么回事儿。

B：

4

A：我很不喜欢寄宿学校。

B：

5

A：我很怕去海里游泳。

B：

6

A：我不太喜欢上音乐课。

B：

7

A：我每天放学到家后都觉得又累又饿。

B：

8

A：我不喜欢做家务。

B：

5 Höre zu und schreibe „f“ für falsch und „r“ für richtig.

30

___ 1 他们平时没有考试，只有在五六月份有一次期末考试。

___ 2 他考试时一般不紧张。

___ 3 他汉语考试一般得分在八十分以上。

___ 4 他的数学比物理学得好。

___ 5 最近他刚考过地理和历史。

___ 6 他今年七月初要参加会考。

AUFGABE Lies den Hörverständnistext (S. 159) und schreibe einen kurzen Text über 小星.

6 Sprechübung

Beispiel

今年四月底至五月初我们有一次大考。所有的科目都要考试。我们会放两个星期的假，在家复习功课。我理科学得很好。我特别喜欢化学，每次考试都得九十分以上；数学学得也不错，考试得分一般在八十分左右。我历史学得不好。我已经很用功了，但是每次历史考试我都不及格，不知道是怎么回事儿。

AUFGABE

Kommentiere auf ähnliche Weise die Tests oder Prüfungen der Schulfächer, die du in diesem Schuljahr belegst.

A Gruppendiskussion. Ergänze die Lücken mit passenden Schulfächern.

将来在大学里学的科目	中学里要学的科目
1. 医学	化学……
2. 建筑	
3. 会计	
4. 音乐	
5. 语言	
6. 商学	

如果你在大学里想学医，那么在中学里你要读……

B Höre die Aufnahme an und beantworte die Fragen. 31

1. 她以后打算去哪儿上大学？为什么？
2. 她父母想让她学什么专业？
3. 她自己想学什么专业？为什么？
4. 她以后可能去哪儿工作？

Vokabeln

1. 毕(畢) bì beenden; abschließen
   毕业 bì yè (eine Schule) abschließen; (ein Studium) absolvieren
2. 希 xī hoffen; erwarten
3. 望 wàng blicken
   希望 xī wàng hoffen; wünschen
4. 打算 dǎ suàn planen; vorhaben
5. 专(專) zhuān spezial; fachkundig
   专业 zhuān yè Fachrichtung
6. 内 nèi in; innen; innerhalb
   室内 shì nèi Innen-, Indoor
7. 设计 shè jì entwerfen; planen
   设计师 shè jì shī Designer; Entwerfer
8. 建 jiàn bauen; errichten
9. 筑(築) zhù bauen; errichten
   建筑 jiàn zhù bauen; Architektur; Gebäude
   建筑师 jiàn zhù shī Architekt
10. 兽(獸) shòu Tier
    兽医 shòu yī Tierarzt
11. 将(將) jiāng werden; wollen
    将来 jiāng lái Zukunft
12. 可能（会） kě néng huì wahrscheinlich; vielleicht

Text 2

nǐ zhōng xué bì yè yǐ hòu dǎ suàn qù nǎr shàng dà xué
你中学毕业以后打算去哪儿上大学？

wǒ xī wàng qù měi guó shàng dà xué, yīn wèi wǒ jiě jie yě zài měi guó dú dà xué
我希望去美国上大学，因为我姐姐也在美国读大学。

nǐ dǎ suàn zài dà xué li xué shén me zhuān yè
你打算在大学里学什么专业？

wǒ fù mǔ ràng wǒ xué shì nèi shè jì huò jiàn zhù, kě shì wǒ cóng xiǎo jiù xǐ huan xiǎo dòng wù. wǒ xiǎng dāng yì míng shòu yī
我父母让我学室内设计或建筑，可是我从小就喜欢小动物。我想当一名兽医。

nǐ dǎ suàn jiāng lái qù nǎr gōng zuò
你打算将来去哪儿工作？

wǒ hái bù zhī dào, kě néng huì qù shàng hǎi, yě kě néng huì liú zài měi guó
我还不知道，可能会去上海，也可能会留在美国。

7 Vervollständige die Sätze.

1. 小明今天没来上学，他可能生病了。
2. 他这次数学考试考得不好，________
3. 爸爸到现在还没有回来，________
4. 这几天很冷，________
5. 姐姐想进一所英文中学，________
6. 我今天觉得很累，________

ACHTUNG

„可能(会)“ heißt „wahrscheinlich; vielleicht“, z.B.

a) 她可能回家了。

b) 明天可能会下雨。

AUFGABE

Bilde zwei Sätze mit „可能(会)“.

8 Bilde ein paar Sätze zu jedem Bild.

会计师

Beispiel

做会计师的人数学要好。读会计的人容易找工作。我父母希望我将来做一名会计师，但是我对数学不感兴趣。

1 外科医生

2 建筑师

3 物理教授

4 工程师

5 律师

6 演员

7 银行家

8 导游

9 兽医

10 作家

11 室内设计师

12 中学教师

9 Stelle deinen Mitschülern die folgenden Fragen.

	中国	英国	美国	法国	德国	澳大利亚	日本	韩国	意大利	西班牙	其他国家
1) 你想去哪儿上大学?											

	医学	建筑	商学	数学	法律	英国文学	中国文学	美术	电脑	化学	其他专业
2) 在大学里你想读什么专业?											

	室内设计师	工程师	建筑师	教师	医生	商人	服务员	司机	经理	其他职业
3) 你大学毕业后希望做什么工作?										

Berichte an die Klasse: 五个学生想去……

10 Höre zu und beantworte die Fragen.

32

1. 他是在哪儿出生的? 他是哪国人?
2. 他中学毕业以后想去哪儿上大学?
3. 为什么他父母希望他去美国上大学?
4. 他想在大学里学什么?
5. 他将来想做什么工作?
6. 他是从什么时候开始喜欢做饭的?

AUFGABE

Lies den Hörverständnistext (S. 159) und schreibe einen Bericht über diesen Schüler.

11 Bildet zu zweit einen Dialog.

《 Beispielfragen:

1. 你中学毕业以后想上哪个大学？在大学里想学哪个专业？
2. 你父母希望你在大学里学什么？他们希望你将来做什么？
3. 你将来想去哪儿工作？想做什么工作？
4. 你可能会回到你的出生地工作吗？
5. 你将来还会学一种外语吗？想学哪一种外语？为什么？
6. 你将来会做老师吗？为什么？

……

12 Rollenspiel

ANWEISUNG

Stell dir vor, du bist ein Journalist und interviewst einen Erstsemestler an einer Universität.

A: 你以前在哪个中学上学？ B:

A: 在中学里，你哪门课学得最好？ B:

A: 你今年上几年级？学什么科目？ B:

A: 大学毕业以后你希望做什么工作？ B:

A: 找这种工作难吗？ B:

A: 你可能会去哪儿工作？ B:

A: 如果找不到工作，怎么办？ B:

……

Einheit 3

Lektion 9 Schulveranstaltungen 学校活动

Mache dich bereit **Text 1**

A Präge dir die Namen der folgenden Sportarten ein.

1 wā yǒng 蛙泳

2 yǎng yǒng 仰泳

3 zì yóu yǒng 自由泳

4 shuǐ shàng bā lěi 水上芭蕾

5 dié yǒng 蝶泳

B Höre die Aufnahme an und beantworte die Fragen. 33

1. 他们学校每年开几次运动会？
2. 他们每年都举办义卖会吗？
3. 今年学校什么时候举办文化节？
4. 文化节从上午几点开始？
5. 文化节上有什么表演？
6. 她今年在文化节上会做什么？

Vokabeln

1. zǔ 组(組) organisieren; Gruppe
2. zhī 织(織) weben; flechten
   zǔ zhī 组织 organisieren; bilden
3. kāi huì 开会 an einer Versammlung teilnehmen; eine Versammlung abhalten
4. yùn dòng huì 运动会 Sportveranstaltung
   shuǐ shàng yùn dòng huì 水上运动会 Wassersportveranstaltung
5. jìng 径(徑) Pfad; Fußweg
   tián jìng 田径 Leichtathletik
6. cǐ 此 dieser; dies
7. yǐ wài 以外 außerhalb; außer
8. jǔ 举(舉) heben
   jǔ bàn 举办 veranstalten; austragen
9. yì 义(義) Gerechtigkeit; gerecht
   yì mài huì 义卖会 Wohltätigkeitsveranstaltung, Spendenaktion
10. wén huà 文化 Kultur
11. * jiāng 将(將) werden; wollen
12. zhǔn 准(準) Standard; exakt
13. bèi 备(備) vorbereiten; bereiten
    zhǔn bèi 准备 vorbereiten; vorhaben
14. hán guó 韩(韓)国 Republik Korea

Text 1

wǒ men xué xiào měi nián dōu zǔ zhī gè lèi huó dòng
我们学校每年都组织各类活动：
měi nián kāi liǎng cì yùn dòng huì yí cì shì shuǐ shàng yùn dòng
每年开两次运动会，一次是水上运动
huì yí cì shì tián jìng yùn dòng huì chú cǐ yǐ wài xué
会，一次是田径运动会。除此以外，学
xiào hái jǔ bàn shèng dàn hé chūn jié yīn yuè huì yì mài huì
校还举办圣诞和春节音乐会、义卖会
hé wén huà jié děng huó dòng
和文化节等活动。

xià ge yuè wǔ hào wǒ men xué xiào jiāng jǔ bàn wén huà
下个月五号我们学校将举办文化
jié shí jiān shì xīng qī liù de shàng wǔ shí diǎn zhì xià wǔ
节。时间是星期六的上午十点至下午
sì diǎn wǒ qù nián zài wén huà jié shang cān jiā le zhōng guó
四点。我去年在文化节上参加了中国
wǔ biǎo yǎn jīn nián wǒ zhǔn bèi cān jiā hán guó wǔ biǎo yǎn
舞表演。今年我准备参加韩国舞表演。

1 Präge dir die Namen der folgenden Disziplinen ein.

« Beispielfragen:

1. 你参加过100米短跑吗？
2. 你跑过马拉松长跑吗？马拉松长跑要跑几公里？

2 Vervollständige die Sätze.

1. 我有两个好朋友：一个是中国人，

一个是韩国人。

2. 我们家有两辆车：一辆 ______

______

3. 我最希望进这两所大学： ______

______

4. 今年暑假我打算去两个国家旅游： ______

______

AUFGABE Bilde einen ähnlichen Satz.

3 Liste zu jeder Veranstaltung passende Vokabeln auf.

1. 学校开放日：家长 ______
2. 义卖会：食品 ______
3. 生日会：礼物 ______
4. 圣诞音乐会：圣诞歌 ______
5. 中国文化节：中国歌舞 ______
6. 水上运动会：游泳 ______
7. 田径运动会：跳高 ______

4 Ordne die Antworten im Kasten den richtigen Bildern zu.

1

2

3

4

5

6

7

8

Antworten

a) 舞龙 (wǔ lóng)
b) 舞狮 (wǔ shī)
c) 敲锣 (qiāo luó)
d) 二胡 (èr hú)
e) 琵琶 (pí pa)
f) 笛子 (dí zi)
g) 扬琴 (yáng qín)
h) 打鼓 (dǎ gǔ)

5 Vervollständige die Sätze.

1. 我们学校将在九月一日开学。
2. 中国舞表演将 ________________
3. 上海将 ________________
4. 田径运动会将 ________________
5. 每年一次的水上运动会将 ________________
6. 今年的初中会考将 ________________

ACHTUNG

„将" heißt „werden; wollen", z.B.

下个月五号我们学校将举办文化节。

AUFGABE

Bilde einen Satz mit „将".

6 Projekt

你将为爸爸或者妈妈组织一个生日晚会

要买的东西	准备的食物	准备的活动	参加人的名单
•	•	•	•
•	•	•	•
•	•	•	•

通知

（发电邮给亲朋好友）

Berichte nach der Feier, wie sie gelaufen ist:

Beispiel

六月二十号是我妈妈的生日。我为她开了一个生日晚会。我还给她买了一份生日礼物：一条项链。姐姐给她买了一个生日蛋糕。生日那天，很多亲朋好友都来参加了妈妈的生日晚会。我们吃了……

7 Höre zu und wähle die richtigen Antworten aus.

34

1. 他们学校每年开__次运动会。 a) 一 b) 两 c) 三
2. 在田径运动会上，他参加了__米长跑。 a) 800 b) 1500 c) 1000
3. 他长跑得了第__名。 a) 一 b) 二 c) 三
4. 他跳高时，__受伤了。 a) 头 b) 脚 c) 腿
5. 开田径运动会那天，__。 a) 天气不好 b) 天气很好 c) 下大雨
6. 他每年都参加__。 a) 义卖会 b) 圣诞音乐会 c) 运动会

AUFGABE Lies den Hörverständnistext (S. 159) und bilde einen ähnlichen Dialog mit deinem Mitschüler.

A Präge dir die Namen der chinesischen Schachfiguren ein.

中国象棋

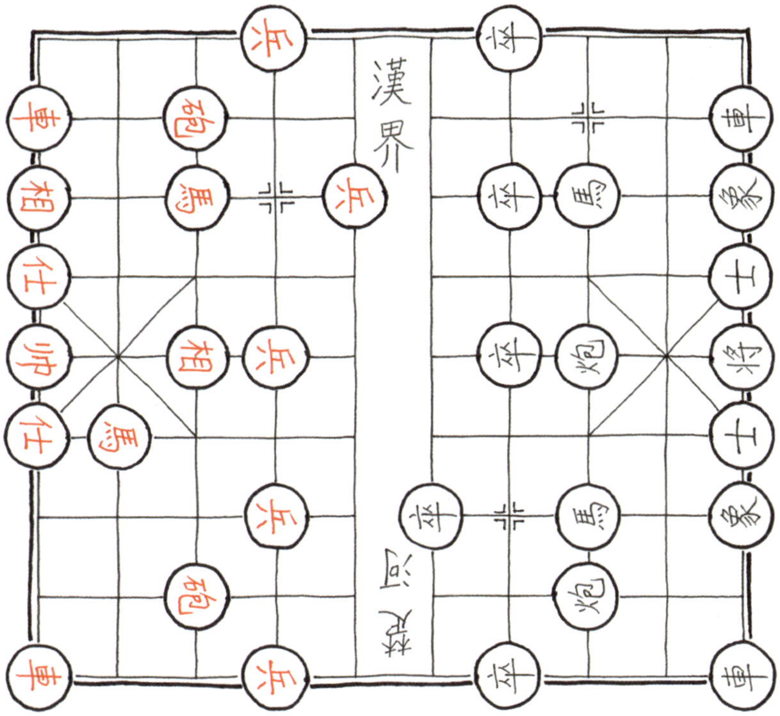

B Höre die Aufnahme an und beantworte die Fragen. 35

1. 他今年参加了什么课外活动？
2. 他是学校排球队的队长吗？
3. 他们排球队常出去比赛吗？
4. 最近的一次决赛是在哪天举行的？
5. 他们队赢了吗？

Vokabeln

1. 象 (xiàng) Elefant
2. 棋 (qí) Schach; ein Brettspiel
   象棋 (xiàng qí) Schach
3. 壁球 (bì qiú) Squash
4. 赛(賽) (sài) Wettkampf; Spiel
   比赛 (bǐ sài) Wettkampf; Wettstreit
5. 队(隊) (duì) Mannschaft
   队长 (duì zhǎng) Kapitän
*6. 场(場) (chǎng) Zähleinheitswort
7. 决 (jué) entscheidend; ausschlaggebend
   决赛 (jué sài) Finale; Entscheidungsspiel
8. 赢(贏) (yíng) gewinnen
9. 输(輸) (shū) verlieren
10. 冠 (guàn) erster Platz; Champion
11. 军(軍) (jūn) Armee
    冠军 (guàn jūn) Meister; Meisterschaftstitel

Text 2

nǐ jīn nián cān jiā le shén me kè wài huó dòng
你今年参加了什么课外活动？

wǒ cān jiā le xiàng qí bì qiú hé pái qiú
我参加了象棋、壁球和排球。

nǐ chángcháng cān jiā bǐ sài ma
你常常参加比赛吗？

wǒ shì xué xiào pái qiú duì de duì zhǎng wǒ men jīng cháng chū qù bǐ sài
我是学校排球队的队长。我们经常出去比赛。

nǐ men zuì jìn yǒu bǐ sài ma
你们最近有比赛吗？

yǒu shàng ge xīng qī wǔ yǒu yì chǎng bǐ sài shì yì chǎng jué sài
有。上个星期五有一场比赛，是一场决赛。

nǐ men yíng le hái shi shū le
你们赢了还是输了？

wǒ men yíng le wǒ men ná le guàn jūn
我们赢了！我们拿了冠军。

8 Aktion

1. 场	2. 间	3. 辆
4. 张	5. 把	6. 块
7. 头	8. 双	9. 件
10. 顶	11. 副	12. 幢
13. 支	14. 只	15. 瓶
16. 杯	17. 所	18. 套

ANWEISUNG

1 Die Klasse wird in kleine Gruppen eingeteilt.

2 Jede Gruppe soll den vorgegebenen Zähleinheitswörtern möglichst viele Nomen hinzufügen. Die Gruppe, die in der kürzesten Zeit die meisten richtigen Nomen aufgeschrieben hat, gewinnt.

9 Sage ein paar Sätze zu jeder Handlung.

Beispiel

我今年参加了象棋小组。我们每星期活动一次，活动时间是星期三的午饭时间。这是我第一次学下棋，我觉得不太难学。

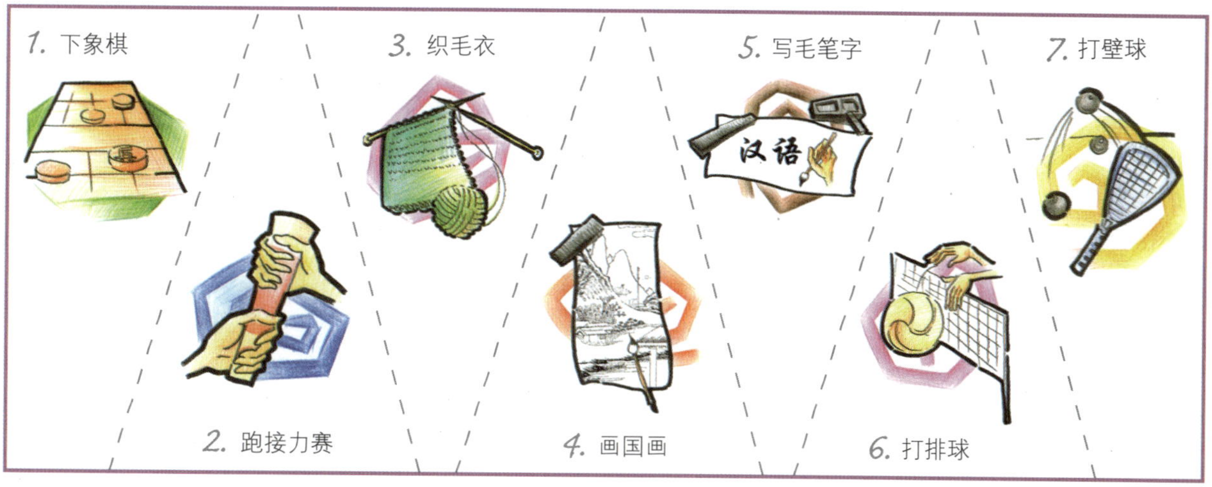

10 Bildet zu zweit einen Dialog.

Zusatzvokabeln

a) 三比三 (sān bǐ sān)
b) 亚军 (yà jūn)
c) 季军 (jì jūn)
d) 打了个平手 (dǎ le ge píng shǒu)

Beispielfragen:

1. 你爱好体育吗？你喜欢打什么球？
2. 你每星期大概做几个小时的运动？
3. 你经常参加体育比赛吗？
4. 你经常看电视上的体育节目吗？从几点到几点？
5. 你最近参加了什么体育比赛？你们赢了还是输了？
6. 你今年有没有参加课外活动？参加了什么课外活动？
7. 你每天放学以后都有课外活动吗？你哪天有活动？
8. 你周末一般做运动吗？你去哪里跟谁一起运动？

……

11 Vervollständige die folgenden Telefongespräche.

小明：你好！

大力：小明，我是大力。你在干什么？

小明：我在……

大力：我们一起去看足球比赛吧！今晚七点，在天平山球场。

小明：对不起……

大力：你明天晚上有事儿吗？我想请你来我们学校看中国舞蹈表演。

小明：明晚几点开始？

大力：……

12 Sprechübung

Beispiel

我叫田民，是学校学生会的体育干事。今天，我们学校开田径运动会。运动会从早上八点半开始。全校大约500个学生参加了各种田径比赛。今年的田径比赛项目有800米长跑、100米短跑、400米接力赛……现在正在进行的是100米短跑。小平跑在第一名……最后小平赢得了冠军……

AUFGABE

Kommentiere eine Sportveranstaltung.

13 Höre zu und schreibe „f“ für falsch und „r“ für richtig.

36

___ 1 这次田径运动会上没有长跑，只有短跑。

___ 2 王明跑步跑得很快，得了第二名。

___ 3 高中组跳高的同学应去比赛场地集合了。

___ 4 所有参加100米短跑的同学应去大门口集合。

___ 5 在这次田径运动会上，张大生是百米短跑冠军。

___ 6 有些老师参加了400米接力赛。

AUFGABE Lies den Hörverständnistext (S. 159) und schreibe einen Bericht über das Leichtathletikturnier.

14 Vervollständige den Dialog.

记者：你是从什么时候开始打篮球的？

姚明：

记者：你的第一个教练是谁？

姚明：

记者：你每年参加几场比赛？

姚明：

记者：你们队经常赢吗？

……

ANWEISUNG

Du bist ein Journalist und interviewst den NBA-Star Yao Ming.

AUFGABE

Interviewe deinen Lieblingssportler oder deinen Lieblingsschauspieler.

Mache dich bereit **Text 1**

A Nenne von jedem Kontinent mindestens zwei Länder.

1. 亚洲 (yà zhōu)
a)
b)

2. 欧洲 (ōu zhōu)
a)
b)

3. 美洲 (měi zhōu)
a)
b)

4. 非洲 (fēi zhōu)
a)
b)

5. 大洋洲 (dà yáng zhōu)
a)
b)

B Höre die Aufnahme an und beantworte die Fragen. 37

1. 香港是个"美食天堂"，对吗？
2. 在香港能吃到韩国料理吗？
3. 在香港能吃到什么风味的饭菜？
4. 她们明天会一起去吃饭吗？
5. "食通天"是个什么地方？

Vokabeln

1. 美食 (měi shí) leckeres Essen; kulinarische Genüsse
2. 天堂 (tiān táng) Paradies; Himmelreich
3. 饭菜 (fàn cài) Gericht; Speise
4. 式 (shì) Stil; Typ
   中式 (zhōng shì) chinesischer Art
   西式 (xī shì) westlicher Art
5. 亚洲 (yà zhōu) Asien
6. 东南 (dōng nán) Südosten; südöstlich
   东南亚 (dōng nán yà) Südostasien
7. 味 (wèi) Geschmack; Geruch
   风味 (fēng wèi) lokale Eigenheiten; lokale Spezialität
8. 极(極) (jí) Extrem; höchster Grad
9. 要是 (yào shi) wenn, falls
10. 有空儿 (yǒu kòngr) Zeit haben
11. 代 (dài) geschichtlicher Zeitabschnitt, Ära; Generation
    时代 (shí dài) Zeitalter; Epoche
    时代广场 (shí dài guǎngchǎng) Times Square
12. 食通天 (shí tōng tiān) ein Ortsname

Text 1

zhè shì wǒ dì yī cì lái xiānggǎng xiānggǎng
这是我第一次来香港。香港
zhēn shì ge měi shí tiān táng
真是个“美食天堂”。

duì xiāng gǎng yǒu hěn duō fàn
对。香港有很多饭
diàn zài xiāng gǎng nǐ kě yǐ
店。在香港，你可以
chī dào gè zhǒng gè yàng gè gè
吃到各种各样、各个
guó jiā de fàn cài yǒu zhōng shì
国家的饭菜，有中式
de xī shì de dōng nán yà
的、西式的、东南亚
fēng wèi de děng děng dà dà xiǎo
风味的等等。大大小
xiǎo de fàn diàn duō jí le
小的饭店多极了！

nǐ xǐ huan chī shén me
你喜欢吃什么？

zhōng cān xī cān wǒ dōu xǐ huan chī
中餐、西餐，我都喜欢吃。

yào shi nǐ míng tiān yǒu kòngr wǒ men yì qǐ qù chī fàn ba
要是你明天有空儿，我们一起去吃饭吧！

hǎo wǒ dài nǐ qù shí dài guǎng chǎng de shí tōng tiān
好。我带你去时代广场的“食通天”。
zài nà li nǐ kě yǐ chī dào gè zhǒng fēng wèi de měi shí
在那里，你可以吃到各种风味的美食。

1 Vervollständige die folgenden Sätze.

1. 在快餐店你可以吃到汉堡包、热狗、比萨饼、沙拉等。
2. 在中国饭店你可以吃到 ______
3. 在服装店可以买到 ______
4. 在文具店你可以买到 ______
5. 在家具店你可以买到 ______
6. 站在房顶上你可以看到 ______

2 Bildet kurze Dialoge.

Beispiel

白粥

A：你喜欢吃粥吗？

B：我不喜欢吃白粥，但是我喜欢吃鱼片粥。

1 炒面

2 蛋炒饭

3 咖喱盒饭

4 鱼柳盒饭

5 沙拉

6 烤鸭

7 菜汤

8 米饭

9 红烧豆腐

10 蒸鱼

11 炒青菜

12 牛排

13 包子

14 春卷

15 绿茶

3 Vervollständige die folgenden Sätze.

1. 要是我今年暑假去美国，
   我会去迪斯尼乐园玩儿。(dí sī ní)
2. 要是你们今晚有排球比赛，
   ____
3. 要是星期六下午有中国舞表演，________________
4. 要是我将来能学医，________________
5. 要是我今年会考都得高分，________________
6. 要是妈妈让我养宠物，________________

ANMERKUNG

„要是" heißt „wenn; falls", z.B.
要是他今晚不来，我会去看他。

4 Stelle fünf deiner Mitschüler die folgenden Fragen.

1. 你家附近有什么风味的饭店？
2. 你吃过东南亚风味的饭菜吗？吃过什么？
3. 你吃过生鱼片吗？好吃吗？
4. 你最喜欢吃什么风味的饭菜？
5. 你们家一般去哪个饭店吃饭？
   他们做的饭菜有什么特别？
6. 你喜欢吃中餐还是西餐？
   你一般喜欢吃什么？
7. 要是你的朋友来看你，你会带他去哪家饭店吃饭？为什么去那家饭店？你们会吃什么？

5 Höre zu und schreibe „f“ für falsch und „r“ für richtig.

38

___ 1 中餐、西餐，他都喜欢吃。

___ 2 他最爱吃快餐。

___ 3 他们一家人不太爱吃东南亚风味的饭菜。

___ 4 他们家每个月去饭店吃一次。

___ 5 他们上个周末去“比萨屋”吃饭了。

___ 6 他们下个周末可能还会去“比萨屋”吃比萨饼。

AUFGABE

Lies den Hörverständnistext (S. 160) und stelle zu jeder Person eine Frage.

6 Vervollständige die folgenden Sätze.

1. 上海又新又高的大楼多极了！
2. 马路上 ______________ 多极了！
3. 花园里 ______________ 美极了！
4. 在纽约，______________ 高极了！
5. 哥哥在田径运动会上 ______________ 快极了！

ACHTUNG

„……极了“ heißt „äußerst; extrem“, z.B.

香港大大小小的饭店多极了。

7 Sprechübung

Beispiel

香港是个“美食天堂”。在香港你可以吃到各种各样、各个国家的饭菜，有中式的、西式的，还有各种快餐。如果吃中餐，你可以吃到……

AUFGABE

Wähle eine Stadt aus und stelle die Spezialitäten der Region vor.

A Übersetze vom Chinesischen ins Deutsche.

去亲朋好友家拜年时，

人们一般说……

1. 新年好！ ______________
2. 新年快乐！ ______________
3. 身体健康(jiàn kāng)！ ______________
4. 心想事成(xīn xiǎng shì chéng)！ ______________
5. 万事如意(wàn shì rú yì)！ ______________
6. 恭喜发财(gōng xǐ fā cái)！ ______________

B Höre die Aufnahme an und beantworte die Fragen. 39

1. 春节前，人们一般买什么？
2. 中国人年夜饭一般吃什么？
3. 中国人过年为什么要吃年糕？
4. 中国人过春节为什么要吃鱼？
5. 谁给小孩子压岁钱？
6. 小孩子什么时候得到压岁钱？

Vokabeln

1. 春节 (chūn jié) Frühlingsfest (chinesisches Neujahrsfest)
2. 过年 (guò nián) das Neujahrsfest feiern
3. 东西 (dōng xi) Ding; Sache
4. 食物 (shí wù) Essen; Nahrungsmittel
5. 鲜花 (xiān huā) frische Blumen
6. 除夕 (chú xī) Vorabend des chinesischen Neujahrsfests
7. 定 (dìng) bestimmen; bestimmt
   一定 (yí dìng) unbedingt; bestimmt
8. 饺子 (jiǎo zi) chinesische Maultasche
9. 年糕 (nián gāo) Neujahrskuchen (aus klebrigem Reismehl)
10. 春卷 (chūnjuǎn) Frühlingsrolle
11. 人们 (rén men) Menschen
12. 年年 (nián nián) jährlich; jedes Jahr
13. 升 (shēng) steigen; hochziehen
14. 余(餘) (yú) überschüssig; restlich
    有余 (yǒu yú) Überschuss haben
15. 高兴 (gāo xìng) froh
16. 辈(輩) (bèi) Generation
    长辈 (zhǎng bèi) Person älterer Generation
17. 拜 (bài) jdm. die Ehre erweisen
    拜年 (bài nián) zum Neujahr gratulieren
18. 压(壓) (yā) pressen; drücken; kontrollieren
    压岁钱 (yā suì qián) Geldgeschenke für Kinder zum chinesischen Neujahrsfest

Text 2

zhōng guó rén chūn jié qián zuò nǎ xiē zhǔn bèi gōng zuò
中国人春节前做哪些准备工作？

tā men guò nián qián yào mǎi hěn duō dōng xi shí
他们过年前要买很多东西：食
wù xiān huā xīn yī fu děng děng
物、鲜花、新衣服等等。

chú xī wǎn shang chī shén me
除夕晚上吃什么？

tā men yí dìng yào chī jiǎo zi nián
他们一定要吃饺子、年
gāo yú chūn juǎn děng děng
糕、鱼、春卷等等。

wèi shén me yào chī nián gāo
为什么要吃年糕？

yīn wèi rén men xī wàng shēng huó néng nián nián gāo shēng
因为人们希望生活能年年“高”升。

年糕

chī yú shì shén me yì si
吃鱼是什么意思？

xī wàng nián nián yǒu yú
希望年年有“余”。

鱼

xiǎo hái zi guò nián zuì gāo xìng le shì ma
小孩子过年最高兴了，是吗？

shì xiǎo hái zi gěi zhǎng bèi bài nián shí
是。小孩子给长辈拜年时，
zhǎng bèi huì gěi xiǎo hái zi yā suì qián
长辈会给小孩子压岁钱。

饺子

春卷

8 Bilde ein paar Sätze zu jedem Bild.

Beispiel

烤牛排

我特别喜欢吃烤牛排。每个星期六父母都会带我去吃西餐。我总是点烤牛排。

1 年糕

2 饺子

3 春卷

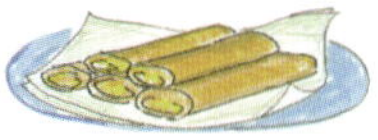

4 烤鸭

5 炸鸡翅膀

6 谷类早餐加牛奶

7 奶酪

8 酸奶

9 鱼

10 猪肉

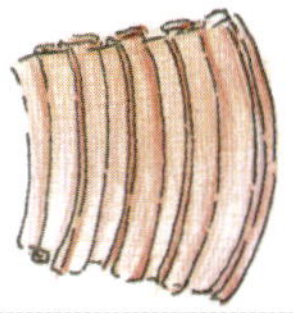

11 龙虾

12 豆腐

13 热狗

14 三明治

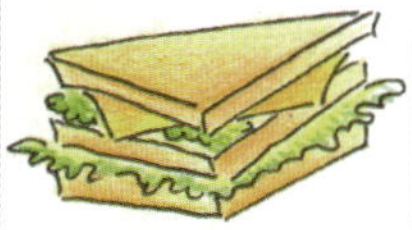

15 冰淇淋

16 蛋糕

Wortvorschläge

a) 最喜欢
b) 特别喜欢
c) 非常喜欢
d) 很喜欢
e) 挺喜欢
f) 不太喜欢
g) 经常/常常
h) 一般
i) 平时
j) 通常
k) 总是
l) 从来不

9 Befrage fünf deiner Mitschüler.

1. 这个周末你可能会去哪个饭店吃饭？你想吃什么？
2. 这个周末你可能会做什么？你一定要做什么？
3. 明年你一定会参加什么课外活动？你可能会参加什么活动？
4. 中学毕业后你可能会去哪儿上大学？你可能会读哪个专业？

Berichte an die Klasse: 这个周末两个学生……

10 Stelle deinen Mitschülern die folgenden Fragen.

1. 如果你有一个月的寒假，你一定会去哪儿旅游？
2. 如果你有十万块钱，你一定会买什么？
3. 如果你想再学一门外语，你一定会学哪种语言？
4. 如果妈妈让你养宠物，你一定会养什么动物？
5. 如果你今天拿到两千块压岁钱，你一定会怎么花？
6. 要是明天是你爸爸的生日，你一定会给他买什么礼物？
7. 要是你明天有汉语考试，你今晚一定会做什么？
8. 要是现在外面下大雨，你外出一定会带什么？
9. 要是你们家楼上的邻居很吵，你一定会做什么？
10. 要是你的钱包被人偷了，你一定要先做什么？

11 Ergänze den Dialog.

女儿：妈妈，我们晚饭吃什么？

妈妈：你想吃什么？

女儿：我想吃……

妈妈：你打开冰箱看看，里面有什么？

女儿：冰箱里有……我们可以做……

妈妈：我们去超市再买一些……

……

12 Höre zu und schreibe „f“ für falsch und „r“ für richtig.

40

___ 1 大年三十晚上，他跟爸爸两个人去花市买了很多花儿。

___ 2 年夜饭，他是在饭店吃的。

___ 3 大年初一，他去给长辈拜年了。

___ 4 他和妹妹的压岁钱加在一起一共是￥500.00。

___ 5 大年初二他去看了舞龙、舞狮表演。

___ 6 年初三晚上，他们一家人去看烟花了。

AUFGABE Lies den Hörverständnistext (S. 160) und beschreibe dann in einem kurzen Aufsatz, wie Chinesen das chinesische Neujahrsfest feiern.

13 Präsentation

Beispiel

下个星期天是母亲节。我会给妈妈买一条真丝围巾。我和爸爸会带妈妈去饭店吃饭。我们可能会去上海饭店吃饭，因为她最喜欢吃上海菜了。爸爸会给妈妈买一个花篮。

Situationen

① 如果下个星期六是大年初一，你们家应该做哪些准备工作？应该买些什么东西？做些什么？

② 如果下个月你就要去美国上大学，你现在应该做哪些准备工作？

③ 如果下个月底，你们篮球队将参加比赛，你们队现在应该做哪些准备工作？

④ 你有两个朋友从国外来。如果他们将在你家住一个星期，你们家应该做哪些准备工作？

Einheit 4

Lektion 11 Feiertage und Feste 节日

Mache dich bereit **Text 1**

A Vervollständige die Sätze.

1. 过春节，人们吃__________
2. 过中秋节，人们吃__________
3. 过圣诞节，人们吃__________
4. 过春节，小孩子得到________
5. 过圣诞节，人们买__________

B Höre die Aufnahme an und beantworte die Fragen. 41

1. 去年的圣诞节她是在哪儿过的？跟谁一起过的？
2. 圣诞节前，他们做了哪些准备？
3. 去年的圣诞节大餐，她吃了什么？
4. 她收到了什么圣诞礼物？

Vokabeln

1. shù 树(樹) Baum
   shèngdàn shù 圣诞树 Weihnachtsbaum
2. lǐ wù 礼物 Geschenk
   shèngdàn lǐ wù 圣诞礼物 Weihnachtsgeschenk
3. gè shì gè yàng 各式各样 verschiedenartig
4. shì 饰(飾) schmücken; Dekoration
   dēng shì 灯饰 Lichterdekoration
5. bù 布 arrangieren
6. zhì 置 legen; stellen
   bù zhì 布置 einrichten; schmücken
7. jié rì 节日 Feiertag; Fest
8. fēn 氛 Atmosphäre; Stimmung
   qì fēn 气氛 Atmosphäre; Stimmung
9. dà cān 大餐 ausgiebiges Essen, Festessen
10. huǒ jī 火鸡 Truthahn
11. xiànr 馅儿 Füllung (bei Speisen und Nahrungsmitteln)
    xiànr bǐng 馅儿饼 Pfannkuchen mit Fleischfüllung
12. ní 泥 Brei; breiige Masse
    tǔ dòu ní 土豆泥 Kartoffelpüree
13. bù dīng 布丁 Pudding
14. chàngpiàn 唱片 Aufnahme (CD, Schallplatte, Disk)

Text 1

qù nián de shèng dàn jié nǐ shì zài nǎr guò de
去年的圣诞节你是在哪儿过的？

zài wài gōng wài pó jiā guò de
在外公、外婆家过的。
tā men zhù zài měi guó
他们住在美国。

nǐ men zài shèng dàn jié qián zuò le nǎ xiē zhǔn bèi
你们在圣诞节前做了哪些准备？

wǒ men mǎi le shèng dàn shù shèng dàn lǐ wù
我们买了圣诞树、圣诞礼物，
hái mǎi le gè zhǒng gè yàng de dēng shì wǒ men
还买了各种各样的灯饰。我们
bǎ kè tīng bù zhì de hěn yǒu jié rì qì fēn
把客厅布置得很有节日气氛。

shèng dàn jié nà tiān nǐ men chī le shén me
圣诞节那天你们吃了什么？

wǒ men chī le shèng dàn dà cān yǒu kǎo huǒ jī
我们吃了圣诞大餐，有烤火鸡、
xiànr bǐng tǔ dòu ní bù dīng děng děng
馅儿饼、土豆泥、布丁等等。

nǐ shōu dào le shén me lǐ wù
你收到了什么礼物？

yǒu chàng piàn qiǎo kè
有唱片、巧克
lì yóu xì jī
力、游戏机、
xiǎo shuō děng
小说等。

1 Gruppendiskussion

Beispiel

A：父亲节，你一般会买什么礼物给爸爸？

B：我会买领带或者……

A：那天你会做什么？

B：我会带他去饭店吃饭或者……

Situationen

1. 姐姐的十八岁生日
2. 叔叔结婚
3. 你的好朋友过生日
4. 母亲节
5. 春节
6. 圣诞节
7. 父母结婚周年纪念日

2 Stelle deinen Mitschülern die folgenden Fragen.

1 你们家过春节吗？

过年前，你们家做哪些准备工作？

年夜饭，你们家一般吃什么？跟谁吃饭？

大年初一，你们去亲戚朋友家吃饭吗？

你每年大概得到多少压岁钱？一般谁给你压岁钱？

你一般怎么花压岁钱？

2 你们家过圣诞节吗？

圣诞节前，你们家怎样布置客厅？

你们家每年都会买圣诞树吗？

你会寄圣诞卡给远方的亲朋好友吗？

你一般买什么圣诞礼物给家人？

圣诞大餐，你们家一般吃什么？

3 Höre zu und beantworte die Fragen.

42

1. 他家每年都去哪儿过圣诞节？跟谁一起过？
2. 他姑姑家也住在英国吗？
3. 圣诞大餐，奶奶做了什么特别的食物？
4. 奶奶给了他什么圣诞礼物？
5. 他给奶奶买了什么圣诞礼物？
6. 他爷爷、奶奶喜欢下象棋吗？

AUFGABE

Lies den Hörverständnistext (S. 160) und bilde einen ähnlichen Dialog mit deinem Mitschüler.

4 Gruppendiskussion

1. 圣诞节是在每年的哪一天？
2. 人们在圣诞节前做哪些准备？
3. 圣诞大餐有什么特别食品？
4. 圣诞礼物一般放在哪儿？
5. 人们一般什么时候打开圣诞礼物？
6. 圣诞袜里面一般放什么？
7. 圣诞卡上写什么？
8. 中国人的春节一般在几月？
9. 春节到来以前，你们一般做哪些准备？
10. 过春节，中国人一般吃什么食品？为什么吃这些食品？
11. 过年时小孩子会收到什么礼物？
12. 中国人结婚，亲朋好友会送什么礼物给新婚夫妇？
13. 西方人结婚，亲朋好友一般送什么礼物？
14. 你过生日，亲朋好友一般送什么礼物给你？
15. 今年的父亲节、母亲节，你会买什么给父母？

5 Projekt

为过圣诞节

做的准备……

ANWEISUNG

Du bereitest die Weihnachtsfeier vor. Berichte der Klasse, welche Vorkehrungen du dafür triffst.

买布置客厅、房间用的东西

- 圣诞树
-
-
-

买给亲朋好友的礼物

人物　　　礼物

- 爸爸
-
-

吃的东西

- 火鸡
-
-
-

做两三张圣诞卡寄给……

6 Aktion

Beispiel

学生1：纸包，颜色是红的，里面有钱。

学生2：钱包？

学生1：不对。

学生2：压岁钱？

……

ANWEISUNG

1 Die Klasse wird in zwei Gruppen eingeteilt.

2 Der Lehrer bereitet Karten mit chinesischen Begriffen vor.

3 Ein Schüler aus der ersten Gruppe beschreibt den Begriff auf der Karte auf Chinesisch. Ein weiterer Schüler aus derselben Gruppe versucht den Begriff zu erraten und hat dabei drei Versuche. Gelingt es ihm innerhalb von drei Versuchen den gesuchten Begriff zu erraten, gewinnt er einen Punkt für seine Gruppe. Danach ist die andere Gruppe dran.

Mache dich bereit Text 2

A Unterhaltet euch über die folgenden Feiertage.

a) 春节
- 日期
- 食物
- 活动

b) 元旦
- 日期
- 食物
- 活动

c) 圣诞节
- 日期
- 食物
- 活动

B Höre die Aufnahme an und beantworte die Fragen. 43

1. 中国人庆祝中秋节吗？
2. 中秋节那天的月亮有什么特别？
3. 中秋节那天小孩子玩儿什么？
4. 端午节在一年中的哪一天？
5. 端午节那天人们吃什么？
6. 端午节那天有什么特别的活动？

Vokabeln

1. 庆(慶) (qìng) feiern
   庆祝 (qìng zhù) feiern
2. 中秋节 (zhōng qiū jié) Mondfest
3. 赏(賞) (shǎng) beobachten und bewundern; genießen
   赏月 (shǎng yuè) sich am Anblick eines Vollmonds erfreuen
4. 月亮 (yuè liang) Mond
5. 笼(籠) (lóng) Käfig
   灯笼 (dēnglong) Laterne
6. 家家 (jiā jiā) alle Familien; jeder Haushalt
7. 月饼 (yuè bing) Mondkuchen (kleine runde Gebäckstücke zum Mondfest)
8. 端 (duān) Ende; Anfang
   端午节 (duān wǔ jié) Drachenbootfest
9. 龙(龍) (lóng) Drache
10. 舟 (zhōu) Boot
    龙舟 (lóng zhōu) Drachenboot
11. 农(農) (nóng) Landwirtschaft; Ackerbau
    农历 (nóng lì) traditoneller chinesischer Kalender, Mondkalender
12. 粽子 (zòng zi) in Bambus- oder Schilfblätter eingewickeltes Klebreisklößchen

Text 2

zhōng guó rén shì zěn yàng qìng zhù zhōng qiū jié de
中国人是怎样庆祝中秋节的？

tā men shǎng yuè, yīn wèi zhōng qiū jié nà tiān wǎn shang de yuè liang yòu dà yòu yuán。xiǎo hái zi hái wánr dēng long, jiā jiā chī yuè bing。
他们赏月，因为中秋节那天晚上的月亮又大又圆。小孩子还玩儿灯笼，家家吃月饼。

duān wǔ jié shì zài nǎ yì tiān
端午节是在哪一天？

zài měi nián de nóng lì wǔ yuè chū wǔ。
在每年的农历五月初五。

duān wǔ jié yě jiào lóng zhōu jié。
端午节也叫龙舟节。

duān wǔ jié yǒu shén me qìng zhù huó dòng
端午节有什么庆祝活动？

rén men sài lóng zhōu, hái chī zòng zi。
人们赛龙舟，还吃粽子。

7 Bildet zu zweit einen Dialog.

Beispiel

A: 你知道明年的春节是哪一天吗？星期几？

B: 我知道。明年的春节是一月二十六号，星期一。

Situationen

1. 春节
2. 中秋节
3. 端午节
4. 圣诞节
5. 元旦

8 Sprechübung

Beispiel

我最喜欢吃零食和甜品。我从小就喜欢吃这些东西，所以我的牙齿不好。妈妈一天到晚提醒我吃完甜食后要刷牙。

在学校，我每天吃薯条、糖果、巧克力和饼干。放学回家后，我肚子饿了，会吃蛋糕。吃完晚饭后，我总是吃冰淇淋。

AUFGABE

Erzähle von deinen Essgewohnheiten.

9 Aktion

1. 礼 ☐	2. 火 ☐	3. 唱 ☐
4. 春 ☐	5. 比 ☐	6. 时 ☐
7. 文 ☐	8. 室 ☐	9. 浴 ☐
10. 散 ☐	11. 活 ☐	12. 家 ☐
13. 困 ☐	14. 作 ☐	15. 通 ☐
16. 将 ☐	17. 国 ☐	18. 以 ☐
19. 食 ☐	20. 庆 ☐	21. 复 ☐

ANWEISUNG

1 Die Klasse wird in kleine Gruppen eingeteilt.

2 Ziel der Übung ist es, so schnell wie möglich die Kästchen mit passenden Schriftzeichen zu ergänzen, um richtige Begriffe zu bilden. Die Gruppe, die die Kästchen am schnellsten ausgefüllt hat und dabei die wenigsten Fehler gemacht hat, gewinnt.

10 Höre zu und schreibe „f“ für falsch und „r“ für richtig.

44

___ 1 他们家每年都庆祝中秋节。

___ 2 他不太爱吃月饼，因为太甜了。

___ 3 他小时候玩儿过灯笼。

___ 4 去年的中秋节，他是在北京度过的。

___ 5 他参加过龙舟比赛。他还喜欢吃粽子。

___ 6 他最喜欢过春节。

AUFGABE Lies den Hörverständnistext (S. 161) und versuche die Fragen aus der Sicht eines Befragten zu beantworten.

11 Bildet zu zweit einen Dialog.

Beispiel

A: 今天是端午节。你们家有什么安排?

B: 昨天妈妈买了几只粽子，有豆沙粽和火腿粽。

A: 你喜欢吃哪一种?

B: 我喜欢吃火腿粽。我不喜欢吃甜的。

A: 你下午想干什么?

B: 我们一家人会去看龙舟比赛，晚上会去饭店吃饭。

Situationen

1. 端午节
2. 中秋节
3. 春节
4. 圣诞节
5. 万圣节

AUFGABE

A) Entwirf ein Drachenboot.

B) Finde heraus wie viele Personen sich während eines Rennens an Bord eines Drachenboots befinden.

12 Projekt

Beispiel

1
我今天来介绍一下万(wàn)圣(shèng)节(jié)。

2
孩子们都喜欢过万圣节。

3
万圣节在每年的十月三十一日。

4
孩子们戴上可(kě)怕(pà)的面(miàn)具(jù)，穿上黑(hēi)袍(páo)。

5
孩子们去邻居家讨(tǎo)糖(táng)吃(chī)。他们通常会说："是款(kuǎn)待(dài)我还是要我耍(shuǎ)花(huā)招(zhāo)？"

ANWEISUNG

Bereite eine Powerpointpräsentation zu einem traditionellen Fest vor. Überlege dir vorher, welches Fest, aus welchem Land du vorstellen möchtest.

13 Stelle vier deiner Mitschüler die folgenden Fragen.

« Beispielfragen:

1 你们家过春节吗？你们每年是怎样过春节的？春节期间，你跟家人一般做什么？

2 你们家过圣诞节吗？你们每年是怎样庆祝圣诞节的？圣诞节期间，你们家会去国外度假吗？一般去哪里？节日期间，你跟家人一般做什么？

3 你的生日是几月几号？你是怎样过生日的？你一般收到什么礼物？你今年最想得到什么礼物？

4 你为父母过父亲节、母亲节吗？你一般给他们买什么礼物？明年的父亲节、母亲节你会给他们买什么礼物？

Einheit 4

Lektion 12 Essen gehen 外出就餐

Mache dich bereit **Text 1**

A Welche Gemüse- und Obstsorten hast du bereits kennen gelernt? Zähle die Namen auf und lerne aus jeder Kategorie neue dazu.

蔬菜	水果
• 青菜	• 苹果
•	•
•	•
•	•

B Höre die Aufnahme an und beantworte die Fragen. 45

1. 女孩儿一家在哪儿吃的晚饭？
2. 她想先喝什么饮料？
3. 女孩儿不喜欢吃哪些蔬菜？
4. 她不喜欢吃哪些水果？
5. 她爸爸有没有点汤？
6. 她爸爸点了什么主食？

Vokabeln

1. 汁儿 (zhīr) Saft
   橙汁儿 (chéng zhīr) Orangensaft
2. 菠菜 (bō cài) Spinat
3. 西蓝花 (xī lán huā) Brokkoli
4. 胡 (hú) von auswärts eingeführt
5. 萝卜 (luó bo) Rüben; Möhre; Radieschen
   胡萝卜 (hú luó bo) Möhre; Karotte
6. 芹菜 (qín cài) Sellerie
7. 椒 (jiāo) Paprika; Pfeffer
   青椒 (qīng jiāo) grüner Paprika
8. 麻婆豆腐 (má pó dòu fu) gebratener Tofu in scharfer Soße
9. 带鱼 (dài yú) Degenfisch
10. 主食 (zhǔ shí) Grundnahrungsmittel (in China „Hauptgericht" genannt, d.h. Reis, Nudeln, Mantou, etc.)
11. 盘(盤) (pán) Teller; Tablett; Platte
12. 莓 (méi) essbare Beeren
    草莓 (cǎo méi) Erdbeere
13. 葡萄 (pú tao) Traube
14. 桃子 (táo zi) Pfirsich
15. 菠萝 (bō luó) Ananas
16. 李 (lǐ) Pflaume; Li (Familienname)
    李子 (lǐ zi) Pflaume
17. 挑 (tiāo) auswählen; wählerisch
    挑食 (tiāo shí) (beim Essen) wählerisch

Text 1

fú wù yuán wǒ men kě yǐ diǎn cài le
爸爸：服务员，我们可以点菜了。

xíng
服务员：行。

bà ba wǒ hěn kě wǒ xiǎng hē chéng zhīr
女儿：爸爸，我很渴。我想喝橙汁儿。

kě yǐ lái yì bēi chéng zhīr
爸爸：可以。来一杯橙汁儿。

bà ba wǒ bù chī bō cài xī lán huā
女儿：爸爸，我不吃菠菜、西蓝花、
hú luó bo qín cài hé qīng jiāo
胡萝卜、芹菜和青椒。

hǎo wǒ men diǎn bàn zhī kǎo yā yí ge
爸爸：好。我们点半只烤鸭、一个
má pó dòu fu yí ge jiān dài yú zài
麻婆豆腐、一个煎带鱼，再
lái yí ge chǎo qīng cài zhǔ shí lái yí ge
来一个炒青菜。主食来一个
chǎomiàn ba
炒面吧。

kě yǐ
服务员：可以。

zuì hòu lái yí ge guǒ pán
爸爸：最后来一个果盘。

bà ba wǒ bù chī cǎo méi pú tao
女儿：爸爸，我不吃草莓、葡萄、
táo zi bō luó hé lǐ zi
桃子、菠萝和李子。

nǐ tài tiāo shí le
爸爸：你太挑食了！

1 Zeichne und benenne deine neu erfundenen Gemüse- und Obstsorten.

1

苹果 + 梨 = 苹果梨

2

草莓 + 葡萄 =

3

橘子 + 西瓜 =

4

南瓜 + 西红柿 =

5

西蓝花 + 菜花 =

6

芹菜 + 菠菜 =

7

桃子 + 李子 =

8

土豆 + 黄瓜 =

2 Aktion

Beispiel

学生1：这是一种蔬菜，
是绿色的，像花
儿一样。

学生2：卷心菜？

学生1：不对。

……

ANWEISUNG

1 Die ganze Klasse wird in zwei Gruppen eingeteilt.

2 Ein Schüler aus der ersten Gruppe beschreibt auf Chinesisch ein Gericht. Bei dem Gericht kann es sich um ein chinesisches oder westliches Gericht, um Obst oder Gemüse oder um Snacks und Ähnliches handeln. Ein Schüler aus derselben Gruppe versucht auf Chinesisch zu erraten, was beschrieben wird. Wenn er das Gericht innerhalb von drei Versuchen errät, gewinnt er einen Punkt für seine Gruppe. Danach ist die zweite Gruppe dran.

3 Bildet zu zweit einen Dialog.

Beispiel

你吃午饭了吗？

还没有呢。

我们一起去吃饭吧。你想吃什么？你喜欢吃中餐吗？

喜欢。

你想吃面条还是米饭？

我想吃米饭和炒菜。

那好吧。我们可以叫几个菜，再叫一个炒饭。你看怎么样？

那太好了！

4 Höre zu und schreibe „f“ für falsch und „r“ für richtig.

46

___ 1 橘子汁儿、可乐，他都想喝。

___ 2 他很有可能会吃不完西蓝花炒胡萝卜。

___ 3 他们打算叫一个家常豆腐。

___ 4 她想吃葡萄，因为葡萄甜。

___ 5 桃子两块五一个。

___ 6 他从小就不喜欢吃菠菜。

AUFGABE

Lies den Hörverständnistext (S. 161) und stelle zu jeder Person eine Frage.

5 Vervollständige die folgenden Sätze.

1. 我下周可能会______________
2. 下个月我要______________
3. 我今晚得______________
4. 我打算______________
5. 我希望______________
6. 我们学校将______________

6 Rollenspiel

你们可以点菜了吗？ → 可以。

你们想喝什么？ → 来……

你们想吃什么？ → 来……

ANWEISUNG

Drei Jugendliche wollen in ein Restaurant essen gehen. Übt ein Dialog zwischen den Jugendlichen und einem Kellner ein.

天平粥面店

汤面	¥22	白粥	¥5
炒年糕	¥25	油条	¥4
牛肉汤	¥18	包子	¥3
鱼片粥	¥15	绿茶	¥5
皮蛋瘦肉粥	¥14	豆浆	¥2

上海饭店

红烧肉	¥40	清蒸鱼	¥65
西芹炒百合	¥30	炒大虾	¥88
青椒牛肉丝	¥45	煎带鱼	¥50
青菜肉片	¥38	可乐	¥8
家常豆腐	¥25	绿茶	¥6

A Verbinde jeweils mit den richtigen Antworten.

Antworten

a) 白萝卜丝
b) 胡萝卜条
c) 土豆块
d) 土豆丝
e) 土豆丁
f) 肉片
g) 西红柿片
h) 肉丝
i) 黄瓜条
j) 豆腐干丝
k) 肉丁
l) 蘑菇片

B Höre die Aufnahme an und beantworte die Fragen. 47

1. 他们一家人哪一天去上海饭店吃饭了？
2. 他们一共叫了几个菜？
3. 主食他们要了什么？
4. 哪个菜太咸？
5. 这家饭店做的糖醋排骨好吃吗？为什么？
6. 哪个菜太辣？
7. 蘑菇炒青菜做得怎么样？
8. 最后上来的水果怎么样？

Vokabeln

1. 死 (sǐ) äußerst
2. 醋 (cù) Essig
   糖醋 (táng cù) süßsauer
3. 骨 (gǔ) Knochen
   排骨 (pái gǔ) Rippchen
   糖醋排骨 (táng cù pái gǔ) Rippchen süßsauer
4. 辣 (là) scharf
5. 咸(鹹) (xián) salzig
6. 蘑菇 (mó gu) Pilz
7. 淡 (dàn) schal; fade
8. 味道 (wèi dào) Geschmack
9. 苦 (kǔ) bitter
10. 还好 (hái hǎo) glücklicherweise
11. 最后 (zuì hòu) letzt; schließlich
12. 较(較) (jiào) vergleichen
    比较 (bǐ jiào) relativ; verhältnismäßig

Text 2

wǔ yuè èr shí liù rì　　　　　　　　　　tiān qì　qíng
五月二十六日　　　　　　　　　　天气：晴

wǒ men yì jiā rén jīn tiān qù le yì jiā shàng hǎi fàn diàn chī wǎn fàn
我们一家人今天去了一家上海饭店吃晚饭。

wǒ jué de jīn tiān de cài zuò de nán chī sǐ le　táng cù pái gǔ tài
我觉得今天的菜做得难吃死了：糖醋排骨太

suān　má pó dòu fu tài là　jiān dài yú tài xián　mó gu chǎo qīng cài
酸，麻婆豆腐太辣，煎带鱼太咸，蘑菇炒青菜

yòu tài dàn　yì diǎnr wèi dào yě méi yǒu　jīn tiān de chǎo miàn yě yǒu
又太淡，一点儿味道也没有。今天的炒面也有

diǎnr kǔ　zhēn bù zhī dào shì zěn me huí shìr　hái hǎo　zuì hòu
点儿苦。真不知道是怎么回事儿！还好，最后

de shuǐ guǒ hái bú cuò　bǐ jiào xīn xiān
的水果还不错，比较新鲜。

AUFGABE

A) Bilde ein paar Sätze zu jedem der oben abgebildeten Gerichte.

Beispiel

我喜欢吃糖醋排骨。我妈妈经常做这个菜。我也喜欢吃红烧排骨。

B) Schreibe Text 2 in ein Gespräch zwischen einem Gast und einem Kellner um.

7 Ergänze die Lücken mit passenden Wörtern und unterhalte dich mit deinem Mitschüler wie im Beispiel gezeigt.

1.	?	难吃死了！
2.	?	难看死了！
3.	?	难听死了！
4.	?	难喝死了！
5.	?	难用死了！

也可以说：

这个菜难吃极了！

Beispiel

A: 我觉得这个煎带鱼难吃死了。

B: 我觉得很好吃，不咸也不淡。我喜欢吃。

8 Aktion

1. 咸→　　2. 甜→

3. 重→　　4. 接→

5. 输→　　6. 高→

7. 借→　　8. 瘦→

9. 双→　　10. 男→

11. 卷→　　12. 冷→

13. 哭→　　14. 错→　　15. 总是→　　16. 复杂→

17. 前→　　18. 大→　　19. 将来→　　20. 暖和→

ANWEISUNG

1 Die Klasse wird in kleine Gruppen eingeteilt.

2 Ziel dieser Übung ist es, die Antonyme der vorgegebenen Wörter zu finden. Die Gruppe, die am schnellsten die meisten richtigen Begriffe findet, gewinnt.

9 Gruppenarbeit

Beispiel

? 很甜

学生1：巧克力很甜。
学生2：糖很甜。
学生3：西瓜也很甜。

? 很辣

? 很苦

? 很酸

? 很淡

? 很咸

10 Bilde ein paar Sätze zu jedem Bild.

有的西瓜很甜，但是有的西瓜不甜。不甜的西瓜难吃死了。

1

2

3

4

5

6

7

8

9

10

11

12

11 Höre zu und beantworte die Fragen.

48

1. 她为什么不想吃草莓？
2. 她为什么不喜欢吃四川菜？
3. 他为什么不多吃点儿菜？
4. 他觉得今天的菜做得怎么样？
5. 他想喝咖啡还是茶？
6. 他夏天喜欢吃什么水果？

12 Frage deinen Mitschüler.

《Beispielfragen:

1. 你们家经常去饭店吃饭吗？经常去哪家饭店？
2. 那家饭店离你家远吗？你们怎么去那家饭店？
3. 你们一般周末去那里吃饭吗？是吃午饭还是晚饭？
4. 最近一次是什么时候去的？
5. 你们一共几个人去那家饭店吃饭了？
6. 你们一共叫了几个菜？有没有叫汤？叫了什么汤？
7. 你们有没有叫米饭？最后有没有叫果盘？
8. 你觉得哪个菜做得最好吃？哪个菜最难吃？
9. 你们一共花了多少钱？
10. 你下个周末打算去饭店吃饭吗？去哪家饭店？为什么？

Berichte an die Klasse:

他家经常去饭店吃饭。他们一般一星期去吃……

ANWEISUNG

Informiere dich im Internet über die Esskultur eines bestimmten Landes. Bereite eine Powerpointpräsentation dazu vor und präsentiere sie deiner Klasse.

Beispiel

1

中国地方很大，所以各地的饭菜都很有特色。

2

中国的北方人喜欢吃咸的。他们爱吃面食，比如包子、饼、饺子等。

3

住在西南的中国人喜欢吃辣的。

4

山西人喜欢吃酸的。每个菜里都放醋。

5

住在东南一带的人喜欢吃甜的。他们做的菜比较清淡。

14 Vervollständige die Sätze.

1. 上海的夏天比较热，最高气温有三十八度。
2. 我们的班主任做事比较慢，但是＿＿＿＿＿＿＿＿
3. 我周末一般起得比较晚，我＿＿＿＿＿＿＿＿
4. 我父母最近工作比较忙，他们＿＿＿＿＿＿＿＿
5. 养狗比较麻烦，你要＿＿＿＿＿＿＿＿
6. 我比较怕考试，我＿＿＿＿＿＿＿＿

15 Projekt

Beispiel

做饺子要用……

- 面粉
- 猪肉
- 大白菜
- 豆腐干
- 虾米

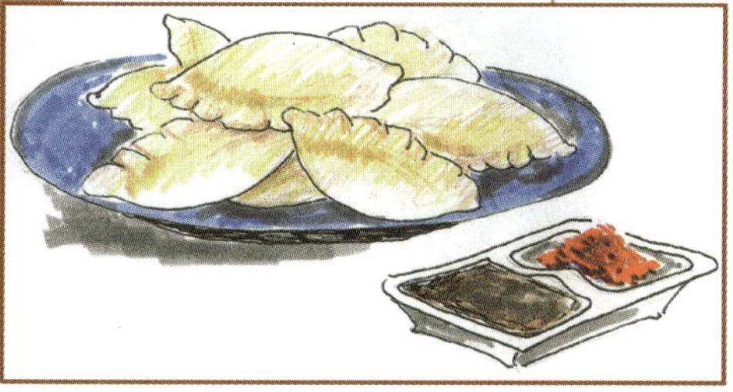

ANWEISUNG

Informiere dich im Internet über die Zutaten einer bestimmten Speise oder eines Gebäcks und halte dann eine Powerpointpräsentation darüber.

1

做蛋糕要用……

- 面粉
- 黄油
- 糖
- 鸡蛋

2

做蛋炒饭要用……

- 米饭
- 鸡蛋
- 火腿肉
- 青豆

Einheit 5

Lektion 13 Die nähere Umgebung 社区

Mache dich bereit **Text 1**

A Was für Geschäfte hast du bereits kennen gelernt? Notiere ihre Namen.

Beispiel

文具店、花店……

B Frage deinen Mitschüler.

1. 从你家怎么去你们学校？
2. 从你家怎么去附近的超市？
3. 从你家怎么去电影院？
4. 从你家怎么去飞机场？
5. 从你家怎么去市图书馆？

C Höre die Aufnahme an und beantworte die Fragen. 49

1. 她家住在哪儿？
2. 她家周围的环境怎么样？
3. 从她家可以看到什么？
4. 她妈妈做什么工作？
5. 她爸爸在哪儿工作？他每天怎么上、下班？
6. 学校离她家近吗？她每天怎么上学？

Vokabeln

1. qū 区(區) Gebiet; Bezirk
2. zhōu wéi 周围 um etwas herum
3. jìng 境 Lage; Zustand
   huán jìng 环境 Umgebung; Umwelt
4. qīng 清 klar; ruhig
5. jìng 静 ruhig; geräuschlos
   qīng jìng 清静 ruhig; still
6. wéi duō lì yà 维(維)多利亚 Victoria
7. hǎi 海 Meer; See
8. gǎng 港 Hafen
   hǎi gǎng 海港 Seehafen
   wéi duō lì yà hǎi gǎng 维多利亚海港 Victoria Harbour
9. jǐng 景 Anblick; Landschaft
   fēng jǐng 风景 Landschaft
10. yōu 优(優) ausgezeichnet; vorzüglich
    yōu měi 优美 wunderschön; herrlich
11. xià bān 下班 Feierabend haben
* 12. jiāo 教 lehren
    jiāo shū 教书 lehren; Unterricht geben

Text 1

wǒ zhù zài xiāng gǎng de bàn shān
我住在香港的半山
qū wǒ jiā zhōu wéi de huán jìng shí fēn
区。我家周围的环境十分
qīng jìng cóng wǒ jiā kě yǐ kàn dào hěn
清静。从我家可以看到很
duō gāo lóu yě kě yǐ kàn dào wéi duō
多高楼，也可以看到维多
lì yà hǎi gǎng fēng jǐng yōu měi wǒ
利亚海港，风景优美。我
men jiā fù jìn yǒu yí ge jǐng chá jú
们家附近有一个警察局。
wǒ bà ba jiù zài nà li gōng zuò tā
我爸爸就在那里工作。他
měi tiān zǒu lù shàng xià bān wǒ mā
每天走路上、下班。我妈
ma zài wǒ men xué xiào jiāo shū xué xiào
妈在我们学校教书。学校
lí wǒ de jiā bú tài yuǎn wǒ men měi
离我的家不太远。我们每
tiān yì qǐ zǒu lù qù xué xiào
天一起走路去学校。

1 Aktion

1. 便	2. 认	3. 容
4. 舒	5. 开	6. 丰
7. 漂	8. 味	9. 新
10. 暖	11. 凉	12. 友
13. 重	14. 用	15. 麻

ANWEISUNG

1 Die Klasse wird in kleine Gruppen eingeteilt.

2 Ziel der Übung ist es, passende Schriftzeichen in die Kästchen zu füllen, um richtige Wörter zu bilden. Die Gruppe mit den meisten richtigen Schriftzeichen und Wörtern gewinnt.

2 Bilde ein paar Sätze zu jedem Bild.

乐器店

Beispiel

这家乐器店卖各种各样的乐器。在这里你可以买到……

1 百货商店

2 家具店

3 服装店

4 水果店

5 电器店

6 书店

7 糕饼店

AUFGABE

Stelle einen Laden vor, in dem du oft einkaufst.

3 Ergänze die fehlenden Abschnitte.

上个星期我们搬进了这幢新房子。我们家的新房子是……这里的环境……从我的房间可以看到……这里的空气……我们家门口就有公共汽车站……我家附近的设施有……

4 Höre zu und beantworte die Fragen.

50

1. 他是在哪儿出生的？他是几岁来到香港的？
2. 他为什么喜欢英国？
3. 他父母每天怎么上班？
4. 他爸爸做什么工作？他的妈妈做什么工作？
5. 他们家现在住的地方怎么样？

AUFGABE

Lies den Hörverständnistext (S. 161) und bilde mit deinem Mitschüler einen ähnlichen Dialog.

5 Rollenspiel

你打电话告诉你的朋友怎么来你家：

- 我家住在青河小区
- 坐5路公共汽车
- 坐9站，在青山路站下车
- 一直往前走，走5分钟
- 我家周围没有其他房子

AUFGABE

A) 你打电话告诉你的朋友怎么去"光明小区"：
- 坐3号地铁
- 坐5站，在中山公园下车
- 出了地铁站往左拐，走5分钟后可以看见一个很大的超级市场。"光明小区"在超市的对面

B) 你打电话告诉你的朋友，你现在住的地方。

A: 你明天来我家，好吗？

B: 好。你家住哪儿？

A: 我家住在青河小区。

B: 我怎么去你家？

A: 你要坐5路公共汽车。

B: 坐几站？在哪儿下车？

A: 坐9站，在青山路站下车。

B: 然后怎么走？

A: 你一直往前走，走5分钟。我们家的房子是白色的，周围没有其他房子。

B: 好，我们明天见！

6 Beschreibe die Bilder.

我家住在海边。从我家可以看到蓝蓝的大海和白色的沙滩。我家左面是一家百货商场，对面……

AUFGABE Zeichne die Umgebung deines Zuhauses und stelle sie der Klasse vor.

Mache dich bereit Text 2

A Liste zehn Verkehrsmittel auf Chinesisch auf.

B Liste öffentliche Einrichtungen auf, die ein neues Wohngebiet haben sollte.

- 电影院
-
-
-
-
-

C Höre die Aufnahme an und beantworte die Fragen. 51

1. 他家以前住在哪儿?
2. 他家现在住在哪儿?
3. 他的新家周围环境怎么样?
4. 现在居住的地方交通方便吗?
5. 他的新家周围有哪些公共设施?
6. 他为什么希望新家附近能有一个室内游泳池?

Vokabeln

1. chéng 城 Stadtmauer; Stadt
   chéng li 城里 in (oder innerhalb) einer Stadt
2. jiāo 郊 Vorort; Stadtrand
   jiāo wài 郊外 die Gegend rings um die Stadt
3. xǔ 许(許) bestimmter Grad oder bestimmte Zahl
   xǔ duō 许多 viel; zahlreich
4. huā cǎo 花草 Blumen und Gräser; Zierpflanzen
5. shù mù 树木 Bäume
6. kōng qì 空气 Luft
7. qīng xīn 清新 (Luft) frisch
8. jiāo 交 sich kreuzen
   jiāo tōng 交通 Verkehr
9. zhǎn 展 entfalten; ausstellen
   zhǎn lǎn 展览 ausstellen
   zhǎn lǎn guǎn 展览馆 Ausstellungshalle
10. jū zhù 居住 wohnen; bewohnen
11. zhè yàng 这样 so; solch
12. yì nián sì jì 一年四季 alle vier Jahreszeiten; das ganze Jahr hindurch

Text 2

nǐ jiā zhù zài nǎr hái zhù zài chéng li ma
你家住在哪儿？还住在城里吗？

méi yǒu wǒ men zuì jìn bān dào jiāo wài qù zhù le
没有。我们最近搬到郊外去住了。

nà li de huán jìng zěn me yàng
那里的环境怎么样？

hěn hǎo zhōu wéi yǒu xǔ duō huā cǎo shù mù
很好。周围有许多花草树木，
kōng qì shí fēn qīng xīn
空气十分清新。

jiāo tōng fāng biàn ma yǒu shén me gōng gòng shè shī
交通方便吗？有什么公共设施？

tǐng fāng biàn de wǒ jiā mén kǒu jiù shì gōng
挺方便的。我家门口就是公
gòng qì chē zhàn fù jìn yǒu chāo shì shāng
共汽车站。附近有超市、商
chǎng měi shù zhǎn lǎn guǎn yě bù yuǎn
场，美术展览馆也不远。

nǐ xǐ huan xiàn zài jū zhù de dì fang ma
你喜欢现在居住的地方吗？

xǐ huan dàn shì wǒ zhēn xī wàng yǒu yí
喜欢，但是我真希望有一
ge shì nèi yóu yǒng chí zhè yàng wǒ yì
个室内游泳池，这样我一
nián sì jì dōu kě yǐ yóu yǒng le
年四季都可以游泳了。

7 Benutze deine Phantasie, um deine Wünsche zu erzählen.

Beispiel

八号台风，又刮风，又下大雨……

今天是阴天。我真希望明天有八号台风，又刮风，又下大雨。这样我就不用去上学了。

1

我家住在楼房里……

2

我家现在住在郊区……

3

现在是秋天……

4

我去过上海……

8 Höre zu und wähle die richtigen Antworten aus.

52

1 他家住在___。 a) 城里 b) 海边 c) 郊外

2 他妈妈每天___。 a) 开车 b) 坐公共汽车 c) 坐地铁

3 他家附近有一个___。 a) 停车场 b) 火车站 c) 商场

4 他的房间___。 a) 不太大 b) 很舒适 c) 很小

5 从他的房间可以看到___。 a) 远处的山 b) 大海 c) 洋房

6 他家住的小区___。
a) 环境优美，但是交通不方便
b) 有很多花草树木，空气清新
c) 周围有很多高楼

AUFGABE

Lies den Hörverständnistext (S. 162) und bilde mit deinem Mitschüler einen ähnlichen Dialog.

9 Unterhalte dich mit deinen Mitschülern.

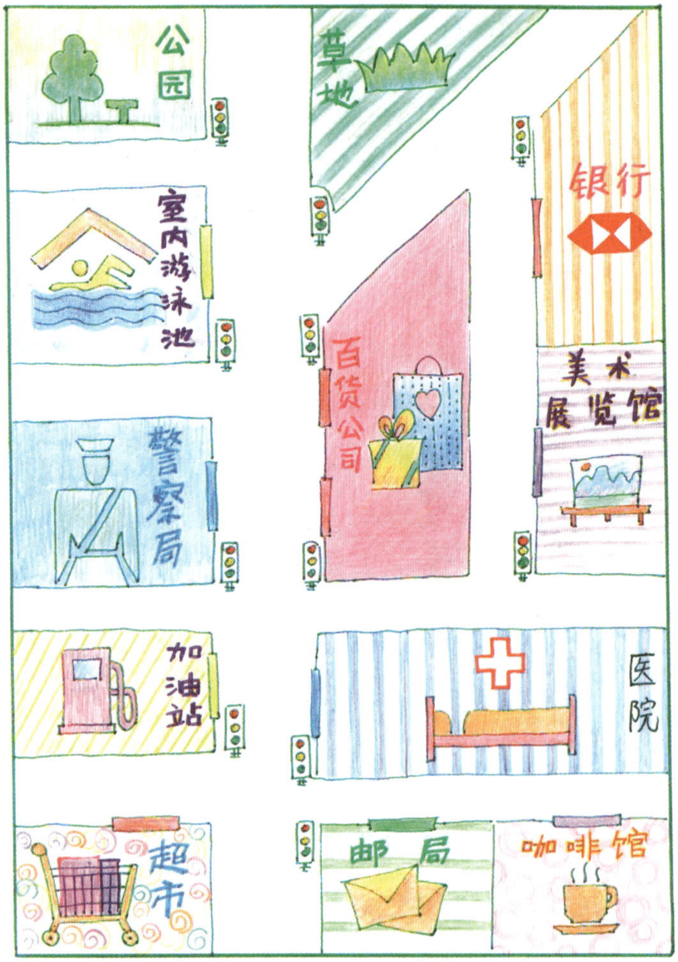

Nützliche Ausdrücke

a) 一直往前走
b) 往左拐
c) 向右转
d) 往回走
e) 在第一个路口往右拐
f) 看见红绿灯向左转
g) 银行在你的右手边

AUFGABE

1. 从超市去美术展览馆
2. 从咖啡馆去室内游泳池
3. 从邮局去银行

10 Vervollständige die folgenden Sätze.

11 Bildet zu zweit einen Dialog.

《 Beispielfragen:

1. 你们家住在哪个区？离市区近吗？
2. 你家离学校远吗？你每天怎么上学？
3. 你家附近的交通方便吗？
4. 你家附近有什么公共设施？
5. 你家周围的环境怎么样？
6. 你喜欢你家住的地方吗？为什么？
7. 如果你们家打算搬家，你希望搬到哪儿去住？为什么？

······

Berichte an die Klasse:

他家住在平安区，离市中心不太远，
坐公共汽车20分钟就到了……

12 Gruppendiskussion

住在城里好

城里

-
-
-
-
-
-
-
-

住在郊区好

郊区

-
-
-
-
-
-
-
-

Diskussionsthemen

1. 住在城里好
2. 吃快餐不好
3. 吃零食对牙齿不好
4. 中学不应该有会考
5. 学生应该穿校服
6. 寄宿学校比走读学校好
7. 一个学生应该学三种语言

Einheit 5

Lektion 14 Reisen 旅游

Mache dich bereit **Text 1**

A Plane eine einwöchige Reise für die nächsten Sommerferien. Folge den Leitfragen und stelle der Klasse deinen Reiseplan vor.

- 想去什么国家/城市/地方？
- 几个人一起去？
- 怎么去？
- 要换什么货币？要带多少钱？
- 那里的气候怎么样？
- 要带什么衣服去？
- 想去什么景点？
- 买什么纪念品？给谁买？

B Höre die Aufnahme an und beantworte die Fragen. 53

1. 北京有哪些旅游景点？
2. 在北京乘坐什么交通工具比较方便？
3. 王府井大街是一条什么样的街？
4. 在王府井大街，游客可以买到什么东西？
5. 北京有哪两所名牌大学？

Vokabeln

1. 景点 (jǐng diǎn) landschaftliche Sehenswürdigkeit, Aussichtspunkt
2. 长城 (chángchéng) die Große Mauer
3. 天安门 (tiān ān mén) Tiananmen (Tor des Himmlischen Friedens in Peking)
4. 故 (gù) ehemalig; früher
5. 宫 (gōng) Palast
   故宫 (gù gōng) ehemaliger Kaiserpalast; die Verbotene Stadt
6. 博 (bó) reich; umfassend
   博物馆 (bó wù guǎn) Museum
7. 乘 (chéng) fahren (mit einem bestimmten Verkehrsmittel)
8. 工具 (gōng jù) Instrument; Werkzeug
9. 观(觀) (guān) schauen; sehen; beobachten
   观光 (guānguāng) (Sehenswürdigkeiten usw.) besichtigen
   参观 (cān guān) besichtigen; besuchen
10. 王府井大街 (wáng fǔ jǐng dà jiē) Wangfujing (Haupteinkaufsstraße in Peking)
11. 特色 (tè sè) Eigenheit; Besonderheit
12. 纪(紀) (jì) Aufzeichnung; Chronik
13. 念 (niàn) gedenken; vermissen
   纪念 (jì niàn) gedenken; andenken
   纪念品 (jì niàn pǐn) Souvenir
14. 名牌 (míng pái) berühmte Marke
15. 北京大学 (běi jīng dà xué) Peking Universität
16. 清华大学 (qīng huá dà xué) Tsinghua Universität

Text 1

rú guǒ nǐ de péng you dì yī cì lái běi jīng
如果你的朋友第一次来北京，
nǐ huì dài tā qù nǎr wánr
你会带他去哪儿玩儿？

wǒ huì dài tā qù jǐ ge yǒu míng de lǚ yóu
我会带他去几个有名的旅游
jǐng diǎn bǐ rú chángchéng tiān ān mén
景点，比如长城、天安门、
gù gōng zhōng guó guó jiā bó wù guǎn děng
故宫、中国国家博物馆等。

zài běi jīng yóu lǎn chéng zuò shén me
在北京游览，乘坐什么
jiāo tōng gōng jù bǐ jiào fāng biàn
交通工具比较方便？

yīng gāi shì dì tiě huò zhě chū zū chē
应该是地铁或者出租车。

chú le guān guāng nǐ huì dài
除了观光，你会带
tā qù nǎr gòu wù
他去哪儿购物？

qù wáng fǔ jǐng dà jiē zài nà
去王府井大街。在那
li nǐ kě yǐ mǎi dào yǒu zhōng
里你可以买到有中
guó tè sè de jì niàn pǐn
国特色的纪念品。

nǐ hái huì dài tā qù cān guān běi
你还会带他去参观北
jīng de míng pái dà xué ma
京的名牌大学吗？

dāng rán yào qù wǒ huì dài tā qù cān guān
当然要去。我会带他去参观
běi jīng dà xué hé qīng huá dà xué
北京大学和清华大学。

AUFGABE

Schreibe das Gespräch zu einem Text um, der die Stadt Peking vorstellt.

1 Quiz

1. 世界上哪个国家面积最大？
2. 世界上哪个国家的人口最多？
3. 世界上哪个海洋最大？
4. 世界上哪条河最长？
5. 世界上最高的高楼在哪个国家？
6. 在哪个国家可以看见很多庙？
7. 在哪些城市可以看到很多桥？
8. 哪些城市有很多现代化的高楼？
9. 哪些城市是世界有名的旅游城市？
10. 哪些城市的美术博物馆很出名？

Zusatzvokabeln

a) 面积 (miàn jī)
b) 海洋 (hǎi yáng)

AUFGABE

Fallen dir weitere Quizfragen ein? Wenn ja, füge sie hinzu.

2 Stelle deinen Mitschülern die folgenden Fragen.

1. 今年暑假你打算去哪个国家旅游？
2. 你打算去哪几个城市游览？会去哪几个旅游景点？
3. 你们在那里有房子吗？你们会住在哪儿？
4. 你打算跟谁一起去？你们会去多长时间？
5. 旅游期间你们会做些什么？会买些什么纪念品？
6. 那个国家有什么美食？你最想吃什么？
7. 你会给亲朋好友买礼物吗？你会买些什么？
8. 旅行一次，一个人大概要花多少钱？

3 Gruppendiskussion

1. 外出旅游，你一般会买什么纪念品给亲朋好友？

a 父母	b 兄弟姐妹	c 朋友

2. 家人过生日，你一般会买什么生日礼物给他们？

a 爷爷、奶奶	b 父母	c 兄弟姐妹

4 Vervollständige die Dialoge.

A：如果你的朋友第一次来你住的城市，你会带他去哪儿看看？

B：我会带他去……

A：乘坐什么交通工具最方便？

B：……

A：除了观光，你会带他去哪儿购物？

B：……

A：你会带他去哪儿吃饭？

……

5 Höre zu und schreibe „f“ für falsch und „r“ für richtig.

54

___ 1 他每年去国外旅游。

___ 2 圣诞节期间，他家去英国度假了。

___ 3 他们只去了一所大学参观。

___ 4 他觉得剑桥大学比牛津大学美。

___ 5 他们还去了唐人街购物。

___ 6 他妈妈在牛津街买了不少衣服，因为那里的衣服比较便宜。

AUFGABE Lies den Hörverständnistext (S. 162) und schreibe das Gespräch in einen kurzen Aufsatz um.

6 Projekt

介绍一个从来没有去过的国家/城市。

- 人口	- 美食
- 旅游景点	- 住宿
- 交通	- 购物

Beispiel

我一直想去香港，但是我父母不是说没有时间，就是说太远了。我们家一般去较近的地方旅游。

明年我们一家人打算去香港旅游五天。香港是一个有七百万人口的城市。香港的……

A Stelle deinen Mitschülern die folgenden Fragen.

1. 你在哪儿出生?
2. 你是哪国人?
3. 你有几本护照?
4. 你去中国要办签证吗?
5. 办一次签证要多少钱?
6. 你有没有去过中国? 去过几次?
7. 你去过哪几个城市?

B Höre die Aufnahme an und beantworte die Fragen. 55

1. 她的外公、外婆住在哪儿?
2. 她准备什么时候去看她的外公、外婆?
3. 她去中国需要办签证吗?
4. 她妈妈去哪儿为她申请护照?
5. 申请护照前她妈妈得先交什么?

6. 护照什么时候可以取?

Vokabeln

1. piào 票 Karte; Ticket
   jī piào 机票 Flugticket
*2. bàn 办(辦) handeln; erledigen; beantragen
3. qiān 签(簽) unterzeichnen
   qiānzhèng 签证 Visum
4. chù 处(處) Ort; Stelle; Abteilung
5. fā xiàn 发现 entdecken; finden
6. zhào 照 fotografieren; Genehmigungsschein
   hù zhào 护照 Reisepass
   zhàopiàn 照片 Lichtbild; Foto
7. guò qī 过期 die Gültigkeitsdauer überschreiten; ablaufen; überfällig
8. mǎ shàng 马上 sofort; unverzüglich
9. shǐ 使 senden; Gesandte(r)
   dà shǐ guǎn 大使馆 Botschaft
10. shēn 申 erklären
    shēnqǐng 申请 beantragen
11. tián 填 ausfüllen; füllen
*12. biǎo 表 Formular
*13. jiāo 交 abgeben; übergeben; einreichen
14. fù 付 zahlen; bezahlen
15. jí máng 急忙 eilig
16. pāi 拍 fotografieren
    pāi zhào 拍照 ein Foto machen
17. qǔ 取 holen; abholen
18. rén yuán 人员 Personal; Belegschaft
19. gào 告 mitteilen
20. sù 诉(訴) mitteilen; erzählen
    gào su 告诉 mitteilen; informieren

Text 2

wǒ men zhè ge zhōu mò yào qù zhōng guó kàn wài
我们这个周末要去中国看外
gōng wài pó jī piào yǐ jīng mǎi hǎo le mā ma jīn
公、外婆。机票已经买好了。妈妈今
tiān shàng wǔ bāng wǒ qù bàn qiān zhèng le dào le qiān zhèng
天上午帮我去办签证了。到了签证
chù mā ma fā xiàn wǒ de hù zhào guò qī le tā mǎ
处，妈妈发现我的护照过期了。她马
shàng qù yīng guó dà shǐ guǎn wèi wǒ shēn qǐng xīn hù zhào
上去英国大使馆为我申请新护照。
shēn qǐng hù zhào yào tián biǎo jiāo zhào piàn hái yào fù
申请护照要填表，交照片，还要付
liù bǎi wǔ shí kuài qián mā ma tián wán biǎo jí máng huí
六百五十块钱。妈妈填完表急忙回
jiā dài wǒ qù pāi zhào xià wǔ qǔ le zhào piàn mā
家，带我去拍照。下午取了照片，妈
ma yòu qù le dà shǐ guǎn dà shǐ guǎn de gōng zuò rén
妈又去了大使馆。大使馆的工作人
yuán gào su mā ma míng tiān jiù kě yǐ qǔ hù zhào le
员告诉妈妈，明天就可以取护照了。

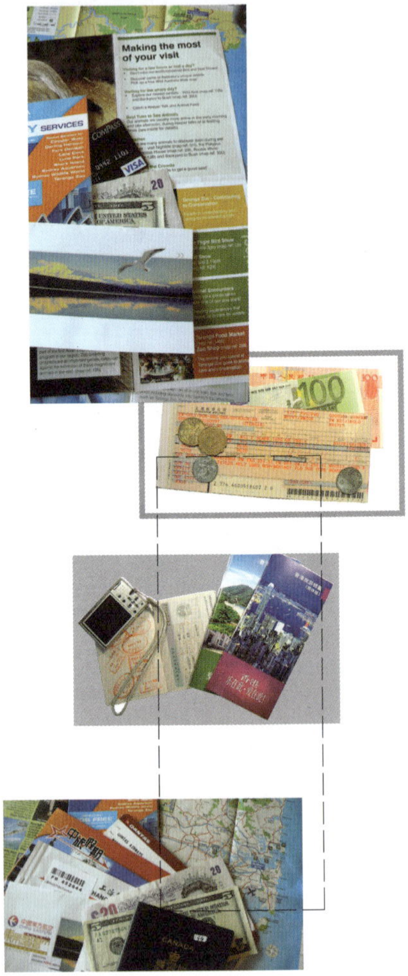

7 Stelle deinen Mitschülern die folgenden Fragen.

1. 你一般去哪儿买机票？
2. 如果你这个月去上海，一张机票多少钱？
3. 你经常坐火车吗？你去哪儿买火车票？火车票贵吗？
4. 去北京，你会坐火车去还是飞机去？
6. 如果你申请去中国的签证，你要带什么去？你要交几张照片？要付多少钱？
7. 你去过中国吗？去过哪几个城市？一共去过几次？
8. 你最喜欢中国的哪个城市？为什么？

8 Bildet zu zweit einen Dialog.

Beispiel

我要办去中国的签证。

是一次入境还是多次入境？

一次吧。

你想在中国待多久？

两个星期。

你得先填一张申请表，然后给我你的护照。交两张照片和两百五十块钱。

几天可以取？

后天就可以取。

Zusatzvokabeln

a) 入境 (rù jìng)
b) 多次 (duō cì)
c) 待 (dāi)

AUFGABE

Du beantragst ein Visum für ein bestimmtes Land.

9 Aktion

在哪儿？

学生1: 请坐好，不要动。笑一笑。
学生2: 在医院。
学生1: 不对。
学生3: 在照相馆。
学生1: 对了。

ANWEISUNG

1 Die ganze Klasse wird in zwei Gruppen eingeteilt.

2 Ein Schüler nennt ein paar Sätze, die typisch für eine bestimmte Situation sind. Ein Schüler aus derselben Gruppe versucht die Situation zu erraten, in der die Sätze gesprochen werden. Wenn ihm das mit drei Versuchen gelingt, gewinnt er einen Punkt für seine Gruppe.

10 Bildet zu zweit einen Dialog.

Zusatzvokabeln

a) 航空 (háng kōng)
b) 航班 (háng bān)
c) 单程票 (dān chéng piào)
d) 来回票 (lái huí piào)

我想买去上海的机票。

哪天去？

六月十八号。

要哪个航空公司的？

天山航空公司。

要几点的航班？

下午四点半。

可以。你想买单程票还是来回票？

来回票。一共多少钱？

两千五百三十块。

AUFGABE

Du möchtest ein Flugticket in eine Stadt Chinas kaufen.

11 Frage deine Mitschüler.

« Beispielfragen:

1. 你比较喜欢去哪个国家旅游？
2. 你比较喜欢在哪个季节外出旅游？
3. 你比较喜欢跟谁一起去旅游？
4. 旅游期间，乘坐什么交通工具比较便宜？住什么样的旅馆比较便宜？
5. 你比较喜欢买什么礼物给亲朋好友？

……

12 Höre zu und beantworte die Fragen.

56

1. 她是哪国人？
2. 她为什么要去办签证？
3. 她为什么要先去申请护照？
4. 办去中国的签证一般要多长时间才能取？
5. 申请加拿大护照要付多少钱？
6. 她哪一天可以去加拿大使馆取护照？

AUFGABE

Lies den Hörverständnistext (S. 162) und beschreibe dann die Prozeduren, die zum Beantragen eines Reisepasses und eines Visums nötig sind.

13 Projekt

Situationen

你下了飞机，取了行李，过了海关。问路的时候，你的手提包和行李箱被人偷了。你手头只有一个手机和钱包。

Beispielausdrücke

a) 申请护照
b) 办签证
c) 去警察局
d) 打电话给家人
e) 打电话给旅馆 (lǚ guǎn)
f) 打电话给航空公司

AUFGABE

A) Liste die Maßnahmen auf, die du ergreifen wirst.

我该怎么办？

我得先……
↓

……

B) Sprich mit einem Polizisten über deine Situation.

Einheit 5

Lektion 15 Unfälle 意外事故

Mache dich bereit Text 1

A Zähle die chinesischen Namen der Ballspiele auf, die du bereits gelernt hast. Lerne ein paar neue Sportarten dazu.

B Höre die Aufnahme an und beantworte die Fragen.

57

1. 他什么时候有曲棍球训练？
2. 他上个星期六下午干什么了？
3. 在打橄榄球时谁把他撞倒了？
4. 谁把他送去急诊室了？
5. 医生马上为他做了什么？
6. 他的腿骨折了吗？

Vokabeln

1. 曲 (qū) krumm; gebeugt
2. 棍 (gùn) Stock; Stange
   曲棍球 (qū gùn qiú) Hockey
3. 训(訓) (xùn) trainieren; mahnen
   训练 (xùn liàn) trainieren; einüben
4. 橄榄(欖) (gǎn lǎn) Olive
   橄榄球 (gǎn lǎn qiú) Rugby
5. 队友 (duì yǒu) Mitspieler
6. 撞 (zhuàng) stoßen; zusammenstoßen
7. 倒 (dǎo) fallen; stürzen; umkippen
*8. 站 (zhàn) stehen
9. 起来 (qǐ lái) steht hinter Verben, um eine Aufwärtsbewegung anzugeben
10. 不得了 (bù dé liǎo) fürchterlich; äußerst
11. 教练 (jiào liàn) Trainer
12. 急诊 (jí zhěn) Notfall; Notruf; Notaufnahme
13. X光片 (guāngpiān) Röntgenaufnahme
14. 折 (zhé) brechen; zerbrechen
    骨折 (gǔ zhé) Knochenbruch

Text 1

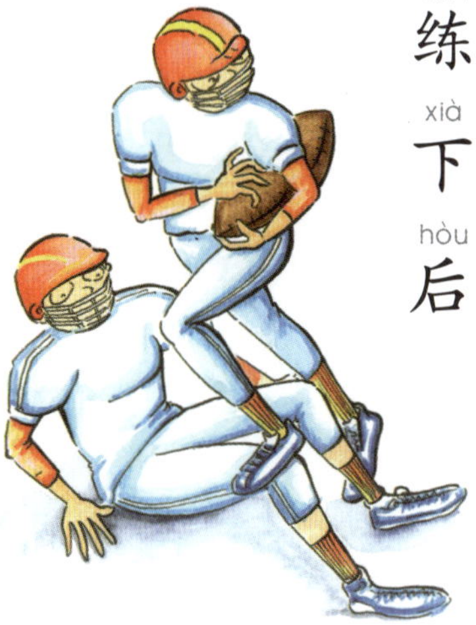

wǒ měi ge xīng qī liù shàng wǔ dōu yǒu qū gùn qiú xùn
我每个星期六上午都有曲棍球训
liàn xià wǔ yǒu gǎn lǎn qiú xùn liàn shàng ge xīng qī liù
练，下午有橄榄球训练。上个星期六
xià wǔ dǎ gǎn lǎn qiú shí wǒ bèi yí ge duì yǒu zhuàng dǎo
下午打橄榄球时，我被一个队友撞倒
hòu jiù zhàn bù qǐ lái le wǒ jué de tuǐ téng de bù
后，就站不起来了。我觉得腿疼得不
dé liǎo jiào liàn mǎ shàng bǎ wǒ sòng jìn le fù jìn
得了。教练马上把我送进了附近
yī yuàn de jí zhěn shì yī shēng bāng wǒ pāi le
医院的急诊室。医生帮我拍了X
guāng piàn yī shēng gào su wǒ tuǐ méi yǒu
光片。医生告诉我，腿没有
gǔ zhé xiū xi jǐ
骨折，休息几
tiān jiù huì hǎo de
天就会好的。

1 Nenne die Körperteile auf Chinesisch.

Zusatzvokabeln

a) bèi 背	f) xī gài 膝盖
b) xiōng 胸	g) pì gu 屁股
c) méi mao 眉毛	h) jiān bǎng 肩膀
d) shé tou 舌头	i) shǒu zhǐ tou 手指头
e) shǒu bì 手臂	j) jiǎo zhǐ 脚趾

2 Vervollständige die Dialoge.

1

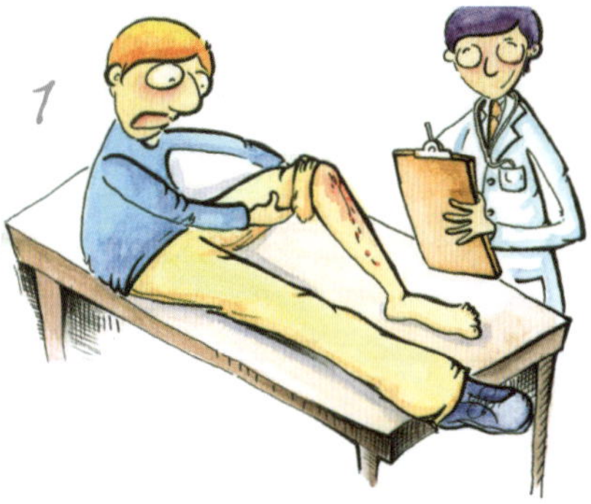

病人：医生，我的腿骨折了吗？
医生：

Beispielantworten

a) 我帮你验(yàn)一下视(shì)力(lì)。
b) 没有，只是受伤。
c) 我给你量一下体温。
d) 我给你开一些感冒药。
e) 你先去拍X光片。
f) 你需要开(kāi)刀(dāo)，我明天就给你动(dòng)手(shǒu)术(shù)。

2

病人：医生，我眼睛看不清。
医生：

3

病人：我咳嗽，流鼻涕，嗓子疼。
医生：

4

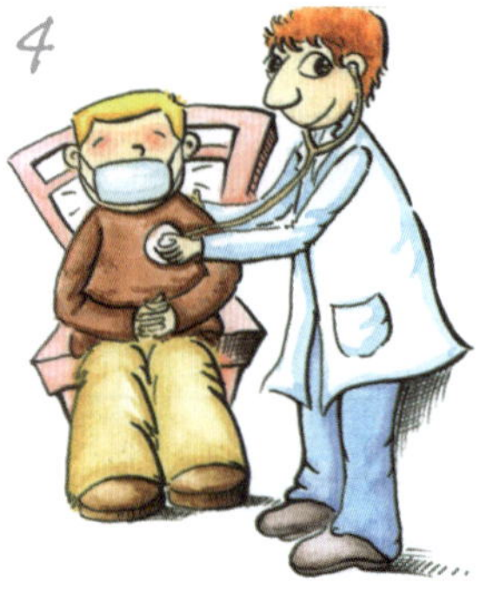

病人：医生，我可能有点儿发烧。
医生：

5

病人：我从上星期开始咳嗽。
医生：

6

病人：医生，我肚子疼得不得了。
医生：

3 Stelle fünf deiner Mitschüler die folgenden Fragen.

1. 你打球时被队友撞倒过吗？
2. 你的腿骨折过吗？什么时候？
3. 你经常感冒吗？
4. 你一生病就去看医生吗？
5. 你看过中医吗？吃过中药吗？
6. 你经常头痛吗？
7. 你住过院吗？哪一年？
8. 你最近一次生病是什么时候？
   你生了什么病？吃了什么药？
   你在家休息了几天？

4 Bilde zu jedem Bild einen Dialog.

头上全是血

Beispiel

A: 你怎么了？
B: 我头受伤了。
A: 我马上把你送去急诊室。

Satzvorschläge

a) 你应该去看骨科（gǔ kē）。
b) 你应该去看耳鼻喉科（ěr bí hóu kē）。
c) 你应该去看牙科。
d) 你应该去看门诊（mén zhěn）。
e) 你应该去看皮肤科。
f) 你应该去看眼科。
g) 妈妈下午带弟弟去看儿科。

1

鼻子出血

2

腿受伤，站不起来

3

发烧

4

眼睛受伤

5

弟弟感冒

6

牙疼

7

皮肤起泡、发红

5 Höre zu und schreibe „f" für falsch und „r" für richtig.

58

___ 1 他是一个橄榄球队的运动员。

___ 2 他的身体一向很好，不常生病。

___ 3 上个星期，他的头受伤了，被送进了医院。

___ 4 他在医院住了七天。

___ 5 他的头现在有时候还疼。

___ 6 他现在已经不打橄榄球了，因为他怕了。

AUFGABE Lies den Hörverständnistext (S. 163) und bilde einen ähnlichen Dialog mit deinem Mitschüler.

6 Ordne die Bilder den passenden Antworten im Kasten zu.

不得了了！！！

1

2

Antworten

a) 我被撞倒了！
b) 我站不起来了！
c) 有人进我家偷东西了！
d) 我的钱包不见了！
e) 他发40度高烧。
f) 我的护照不见了！

3

4

5

6

AUFGABE Bilde einen Satz mit „不得了了".

A Sprechübung

B Höre die Aufnahme an und beantworte die Fragen. 59

1. 她是什么时候把书包放进更衣室的?
2. 她的钱包放在哪儿了?
3. 她的书包里有戒指吗?
4. 她有储物箱吗?
5. 她一般把什么东西放在储物箱里?
6. 今天她为什么没有把贵重的东西放进储物箱里?

Vokabeln

1. 丢 (diū) verlieren
* 2. 放 (fàng) legen; stellen; setzen
3. 戒 (jiè) sich hüten, wappnen; etw. vorbeugen
4. 指 (zhǐ) Finger
   戒指 (jiè zhi) (Finger-)Ring
5. 墨 (mò) chinesische Tusche; Tinte; schwarz
6. 镜(鏡) (jìng) Brille, Spiegel; Glas
   墨镜 (mò jìng) Sonnenbrille
7. 贵重 (guì zhòng) wertvoll; kostbar
8. 储(儲) (chǔ) speichern; lagern
   储物箱 (chǔ wù xiāng) Schließfächer, Spind
9. 刚才 (gāng cái) gerade eben
10. 来不及 (lái bu jí) es ist zu spät; die Zeit reicht nicht
11. 其他 (qí tā) andere(-r, -s)
12. 开玩笑 (kāi wán xiào) einen Witz machen; scherzen

Text 2

wǒ de shū bāo bú jiàn le
我的书包不见了！

nǐ zài nǎr diū de
你在哪儿丢的？

shàng tǐ yù kè qián wǒ bǎ shū
上体育课前，我把书
bāo fàng zài gēng yī shì li le
包放在更衣室里了。
shàng wán tǐ yù kè wǒ fā xiàn
上完体育课，我发现
wǒ de bāo bú jiàn le
我的包不见了。

nǐ de shū bāo li yǒu shén me dōng xi
你的书包里有什么东西？

yǒu qián bāo shū shǒu jī
有钱包、书、手机、
jiè zhi mò jìng děng děng
戒指、墨镜等等。

nǐ wèi shén me bù bǎ zhè xiē guì zhòng de
你为什么不把这些贵重的
dōng xi fàng zài chǔ wù xiāng li
东西放在储物箱里？

lái bu jí le
来不及了。

shì bú shì qí tā tóng xué gēn nǐ kāi
是不是其他同学跟你开
wán xiào nǐ zài zhǎo zhao ba
玩笑？你再找找吧。

7 Vervollständige die Dialoge.

1

A：你刚才去哪儿了？
B：我上厕所了。

2

A：你刚才买了什么？
B：

3

A：你刚才吃了什么？
B：

4

A：你刚才丢了什么？
B：

5

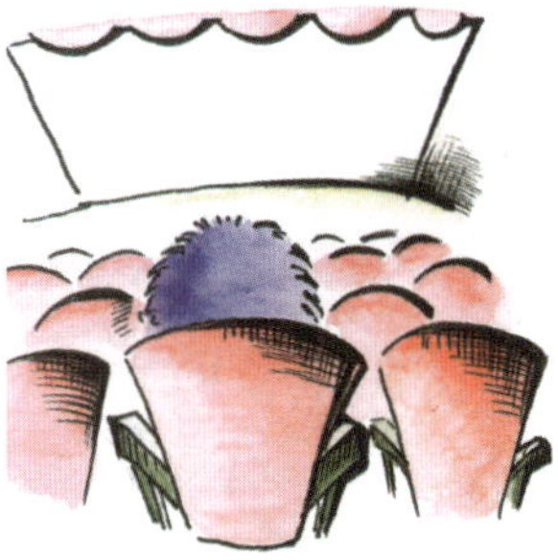

A：你刚才看了什么？
B：

6

A：你刚才说了什么？
B：

7

A：你刚才喝了什么？
B：

8

A：你刚才做了什么？
B：

9

A：你刚才点了什么？
B：

10

A：你刚才打电话给谁了？
B：

11

A：你刚才写了什么？
B：

12

A：你刚才画了什么？
B：

8 Aktion

« Beispielfragen:

1. 请把笔放进文具盒里。
2. 请把椅子放在桌子下面。
3. 请打开课本。
4. 请把灯关上。
5. 请把作业本交给老师。

ANWEISUNG

1 Die ganze Klasse soll an der Übung teilnehmen.

2 Der Lehrer gibt eine Anweisung, die die Schüler sofort ausführen.

3 Diejenigen, die nicht sofort oder falsch reagieren, scheiden aus.

9 Bildet zu zweit einen Dialog.

Beispiel

A: 他把书包放在哪儿了？

B: 放在椅子下面了。

10 Präge dir die Namen der folgenden Gegenstände ein.

Zusatzvokabeln

a) 唇膏 (chún gāo)
b) 香水 (xiāng shuǐ)
c) 口红 (kǒu hóng)
d) 指甲油 (zhǐ jia yóu)
e) 护肤霜 (hù fū shuāng)
f) 面霜 (miàn shuāng)
g) 眼影 (yǎn yǐng)

11 Ordne die Bilder den passenden Sätzen im Kasten zu.

1. 我今天上学忘了带钱包。
2. 中午买午饭时，我发现钱包里没有钱。
3. 我打了好几个电话，问同学今天的功课。
4. 今天早上我起得很晚。我来不及吃早饭就出门了。
5. 我还没做完作业就已经半夜十二点了。
6. 有一个同学跟我开玩笑。他把我的书包放在桌子底下了。

AUFGABE Erzähle der Klasse von einem Erlebnis, bei dem du Pech hattest.

12 Höre zu und schreibe „f“ für falsch und „r“ für richtig.

60

___ 1 方明在音乐教室里找到了他的钱包。

___ 2 美文把计算器借给了数学老师。

___ 3 东海上完美术课后发现他的文具盒不见了。

___ 4 超超的运动鞋还在更衣室里。

___ 5 上完体育课后，红红发现手表不在储物箱里。

___ 6 小山把毛衣拿回家了。

13 Bildet zu zweit einen Dialog.

在旅馆：

我的行李箱不见了！

你把行李箱放在哪儿了？

就放在我的房间里。我今天早上出门的时候还在。

你的箱子里有什么？

有钱包、护照、身份证、衣服、鞋、书等等。

是不是其他同学跟你开玩笑？再找一找吧。

AUFGABE

Du hast deine Schultasche verloren und sprichst nun mit einem Mitarbeiter im Sekretariat deiner Schule.

14 Gruppendiskussion

如果有火警演习，老师、学生应该怎么做？

1 ↓ c)
2 ↓
3 ↓
4 ↓
5 ↓
6 ↓
7 ↓
8 ↓

a) 把门、窗关上。

b) 把电灯关上。

c) 马上停止上课。

d) 把椅子放在桌子下面。

e) 把书包留在教室里。

f) 老师领学生去操场。

g) 把空调关上。

h) 赶快走出教室。走路时不可以说话。

15 Rollenspiel

ANWEISUNG

Du bist an einem Flughafen angekommen und kannst bei der Gepäckausgabe dein Gepäck nicht finden. Gehe zum Flughafenpersonal und frage nach.

机场工作人员会问……

- 你丢了几件行李？
- 你的行李箱是什么颜色的？
- 你的行李箱里有什么？
- 你叫什么名字？
- 你拿什么护照？
- 你家住在哪儿？
- 你家的电话号码是多少？

……

16 Vervollständige die folgenden Sätze.

1. 我刚才看见________________________________

2. 不得了了！我________________________________

3. 请别告诉其他人。我的钱包________________________________

4. 你真会开玩笑。我们的英语老师________________________________

5. 我今天早上来不及________________________________

6. 今天下午曲棍球训练时________________________________

7. 明天考完试后我________________________________

8. 我的新家周围有________________________________

17 Gruppendiskussion

你要进考场考数学
- 你可以带什么进考场？
- 不可以带什么进考场？

1

你的朋友在跑100米短跑时脚受伤了，站不起来了
- 你该怎么办？
- 你先做什么？

2

你们一家三口去郊外野餐
- 你们怎么去郊外？
- 带什么东西去吃？
- 带什么饮料？

3

你要办去中国的一次入境签证
- 你带什么证件去？
- 要付多少钱？
- 几天可以取？

4

Einheit 1 Lektion 1

S5 02

我叫马天英。我来介绍一下我的好朋友。

高文是一个混血儿。他一半是英国人，一半是中国人。我们从上小学起就是好朋友。他现在在英国上中学。

小白长得非常漂亮。她个子高高的，瘦瘦的，长了一头黑色的直发。她爱说、爱笑。我们常在一起逛街。

我跟黄雷从小就是好朋友。我们有一样的爱好：打篮球、踢足球。我们还经常在一起玩儿电脑游戏。

王明现在在加拿大读书。他是去年去加拿大的。我们俩从上小学起在同一个班。他滑冰滑得特别好。

天云是我的同桌。我们个子一样高，兴趣、爱好也差不多，可是我游泳比她游得好。

方冰只有春节才从英国回北京。我们一年只见一次面。她是我的小学同学，也是我的好朋友。

S9 04

1) 小云喜欢做作业时听音乐。
2) 小天总是一边吃饭一边看电视。
3) 田力的爸爸从来不一边开车一边打电话。
4) 小雷晚上睡觉时常听见孩子哭。
5) 高文在外婆家时常去沙滩打球。
6) 小美和她姐姐在同一所学校上学。她们的学校叫东海中学。

Einheit 1 Lektion 2

S13 06

1) 外公当火车司机已经有三十年了。他还没有退休，还在开火车。
2) 阿姨是儿科医生，在城里的一家医院工作。
3) 舅舅是一名出色的警察。他每天工作很忙。
4) 舅妈在一家律师行当秘书。她喜欢她的工作。
5) 叔叔刚刚当上一家饭店的经理。他非常开心。
6) 婶婶在一所小学当音乐老师。她又会唱歌，又会弹琴。
7) 大伯是一个商人。他在我们家亲戚中最有钱。
8) 二伯现在在纽约工作。他是一个银行家。

S19 08

1) 我的班主任是生物老师。他个子高高的，瘦瘦的。他对学生很好。

2) 我舅舅是摄影师。他平时工作很忙。他经常出差，很少有假期。
3) 婶婶不工作，是家庭主妇。她脾气不太好。
4) 奶奶是作家，为小朋友写了很多书。
5) 姑姑在一家麦当劳快餐店当经理。她性格温和，乐意帮助别人。
6) 姨妈两个月前刚刚结婚。她对我最好了，常常给我买东西。

Einheit 1 Lektion 3

S24 10

1) 高明喜欢运动，也最喜欢上体育课。他的理想是当一个体育老师。
2) 王月性格温和，对人友善，很有爱心。她想长大后当一名护士。
3) 黄小钢最爱上戏剧课，非常喜欢表演。戏剧老师说他应该当演员。
4) 方雷喜欢旅游，但她没有耐心，所以她不会当导游。
5) 周平特别爱读书，一天到晚读书。她也爱写小说。她长大后应该当作家。
6) 丁民的父母都是律师，但是他不想当律师。他想做科学家。

S29 12

1) 小明从小就对电脑非常感兴趣。长大后他想开一家电脑公司。
2) 小文又聪明、又努力，每次考试都得第一名。
3) 小天心地善良，乐意帮助同学，所以她有很多朋友。
4) 小云数学好。她常跟爸爸打桥牌。她比爸爸打得好多了。
5) 小东因为身体不好退学了。他要在家休息一年。
6) 小方的爸爸很富有。他经常捐钱给很多学校。

Einheit 2 Lektion 4

S34 14

亲爱的家家：

你好！

谢谢你发来电邮。我明年夏天去北京学汉语一个月，到时候一定会去看你。

我今年十三岁，在英国上九年级。我们早上九点上课，所以我早上八点起床。起床后我洗脸、刷牙，然后换好衣服去上学。我平时早上不吃早饭，午饭我会在学校吃。我们每天上六节课，下午四点放学。我妈妈每天都开车接送我上学、放学。今年我没有参加学校的课外活动。我喜欢上网、弹钢琴和打网球。

祝

好！

乐乐

2008年1月14日

S37 16

A: 你每天上网吗？

B: 上。我每晚都跟朋友在网上聊天儿。

A: 你经常在网上查资料吗？

B: 差不多每天都查。

A: 你经常浏览什么网页？

B: 我最喜欢浏览体育网页。

A: 你常下载音乐吗？

B: 以前常下载，现在不会了。

A: 你经常用电脑打字吗？

B: 每天都要打。

A: 你经常玩儿电脑游戏吗？每次玩儿多久？

B: 不常玩儿。我有时候做完作业以后玩儿一会儿。

Einheit 2　Lektion 5

S44 18

A: 你是家里的独生子吗？

B: 不是，我还有一个弟弟，今年四岁半。

A: 你父母都工作吗？

B: 都工作。爸爸是经理，妈妈是工程师。

A: 你父母工作忙不忙？

B: 都挺忙的，爸爸比妈妈还要忙，常常去国外出差。

A: 你平时在家做家务吗？

B: 不常做，只是在星期天做一点儿。

A: 你星期天做什么家务？

B: 我帮妈妈看弟弟，或者跟弟弟玩儿。星期天下午我收拾自己的房间。吃完晚饭后，我帮妈妈洗碗。

A: 你觉得学生应该做家务吗？

B: 当然应该。应该做一点儿。

S49 20

A: 你们家住楼房还是洋房？

B: 住洋房。

A: 你们家有花园吗？

B: 有，有一个前花园，还有一个很大的后花园。

A: 你周末做些什么？

B: 跟爸爸去钓鱼，跟同学打网球、看电影，或自己在家看书。

A: 你会帮妈妈做家务吗？

B: 不做。我妈妈不工作，所以家务都是她做的。

A: 你会做饭吗？

B: 不太会做。最近我妈妈教了我做几个简单的中国菜。

A: 你们家经常在花园里烧烤吗？

B: 天气好的时候会。

Einheit 2　Lektion 6

S54 22

1) 小文家养了五头牛和三匹马。她最喜欢骑马了。

2) 小云家养过两只狗，但是他们搬到加拿大以前把狗送人了。他们现在养了两只猫。

3) 小美喜欢金鱼。她养了五条金鱼，但是昨天一条金鱼被她家的小猫吃了。

4) 大生养了三只兔子，毛白白的，眼睛红红的，十分可爱。

5) 小明以前养过乌龟，但是搬到新家后，妈妈就不让他养了。

6) 小天最喜欢动物。他现在养了两只狗。小天每天放学后都会跟它们一起玩儿。

S58 24

A: 你喜欢养宠物吗?

B: 喜欢。我和家人都特别喜欢养马。

A: 你们家现在养宠物吗?

B: 养。养了两匹马。

A: 真的吗? 你会骑马吗?

B: 会。我从小就跟妈妈学骑马，她比我骑得好多了!

A: 你每天为马做些什么?

B: 我喂它们吃草，给它们洗澡，给它们刷毛，还要骑它们出去散步。

A: 养马脏吗?

B: 有点儿脏，也有点儿麻烦。

Einheit 3 Lektion 7

S64 26

A: 请你介绍一下你们学校。

B: 我们学校叫光明中学，是一所国际学校，也是寄宿学校。

A: 你们学校有什么设施?

B:我们学校的设施非常齐全，有礼堂、图书馆、操场、教学楼、电脑室、体育馆、室内游泳池等等。

A: 学校里有什么课外活动?

B: 学校为学生提供了丰富多彩的课外活动，有五十多种呢! 有篮球、足球、戏剧、摄影、合唱等。

A: 你今年参加了什么活动?

B: 我参加了足球、油画和网球。

A: 你们的老师对你好吗? 你想家吗?

B: 老师对学生特别好，就像我们的父母亲一样。我有时候也会想家。

A: 你喜欢你的学校吗?

B: 我喜欢我的学校，但是学校的饭菜不太好吃。

S69 28

A: 小明，来学校一个星期了，习惯了吗?

B: 不太习惯。学校太大了，我对校园还不太熟悉，有时候找不到教室。

A: 你拿到课程表了吧?

B: 拿到了，但是还记不住老师的名字。

A: 有新朋友了吗?

B: 有，我们班的同学们对我都很好。

A: 每天午饭吃什么?

B: 在学校的餐厅买三明治，有时候我从家里带午饭来吃。

A: 有没有参加课外活动?

B: 还没有呢，下个星期一开始。

A: 如果有问题，你就来找我，或者找班长。

B: 好吧。谢谢老师。

Einheit 3 Lektion 8

S74 30

A: 小星，你们平时考试多吗？
B: 不太多，但是每年的五六月份会有一些考试。
A: 你平时怕不怕考试？
B: 我当然怕考试，我一考试就紧张。
A: 你哪门课考得最好？
B: 我数学和汉语学得最好，考试得分在八九十分，成绩都挺不错的。
A: 你哪门课学得不好？
B: 我觉得物理最难学，考试常常不及格。
A: 你最近有考试吗？
B: 我们刚考了科学和历史。
A: 你今年几月要参加会考？
B: 五月底、六月初。

S78 32

A: 你中学毕业后打算去哪儿上大学？
B: 我自己很希望去英国，但是我父母希望我去美国，因为那里好大学比较多。
A: 你为什么想去英国？
B: 因为我是英国人，在英国出生。
A: 你想去哪一所大学？
B: 我还不知道。
A: 你在大学里想学什么？
B: 我想学做饭，将来当厨师，自己开饭店。
A: 你会在哪儿开饭店？
B: 在伦敦。
A: 你是从多大开始喜欢做饭的？
B: 从八岁开始。我在家常常做饭。

Einheit 3 Lektion 9

S84 34

A: 你们学校每年开运动会吗？
B: 对，每年十月开游泳运动会，一月开田径运动会。
A: 今年的田径运动会，你参加了什么项目？
B: 我参加了1500米长跑和跳高。
A: 你跑得怎么样？跑了第几名？
B: 我跑得非常好，得了第二名。
A: 你跳高跳得怎么样？
B: 我跳高时，腿受伤了。
A: 你觉得今年的田径运动会开得怎么样？
B: 开得很好。那天天气很好，很多家长都来了。
A: 你每年都参加田径比赛吗？
B: 我每年都参加。今年是第四次了。

S89 36

1) 请参加1500米长跑比赛的同学到操场准备比赛。
2) 王明同学在刚才的800米中长跑比赛中得了第二名。
3) 参加跳高的高中组同学，请到比赛场地集合。
4) 参加100米短跑的各年级同学，请到操场集合。

5) 张大生同学在刚才的100米短跑比赛中，得了冠军。
6) 请参加400米接力赛的老师到操场集合。

Einheit 4　Lektion 10

S94　38

A: 你喜欢吃中餐还是西餐？
B: 都喜欢吃。最喜欢吃快餐。
A: 你们家里常吃中餐还是西餐？
B: 西餐吃得多一点儿。
A: 你们全家常去饭店吃饭吗？
B: 差不多一个星期去吃一次。
A: 你们常去吃什么风味的饭菜？
B: 我们全家人都爱吃东南亚风味的饭菜。
A: 上个周末你们去哪儿吃饭了？吃了什么？
B: 我们去了“比萨屋”。我吃了比萨饼和沙拉。
A: 你们下个周末还会去那儿吃饭吗？
B: 我不知道。应该还会去吧。

S99　40

A: 你们家去年春节前做了什么准备工作？
B: 大年三十我跟爸爸、妈妈去鲜花市场买了很多花儿。
A: 年夜饭你们在哪儿吃的？跟谁吃的？
B: 我们跟爷爷、奶奶、姑姑和叔叔一起吃的。我们去了一家北京饭店吃团年饭。
A: 你们吃了什么特别的食物？
B: 我们吃了蒸鱼、龙虾面、炒年糕、烤鸭、鸡汤等。
A: 大年初一你们去了哪儿？
B: 我们去爷爷、奶奶家和外公、外婆家拜年了。我跟妹妹每人都拿到了五百块压岁钱。
A: 大年初二你们去了哪儿？
B: 我们去看了舞龙、舞狮表演。
A: 大年初三你们出去了吗？做了什么？
B: 我们去公园玩儿了，晚上还去看了烟花。

Einheit 4　Lektion 11

S103　42

A: 你们家圣诞节一般在哪儿过？
B: 我们每年都回英国，跟爷爷、奶奶一起过。
A: 你们去年圣诞节去英国了吗？
B: 去了。我们待了两个星期。
A: 你们住在爷爷、奶奶家吗？
B: 对。姑姑一家也去了英国。我们都住在爷爷、奶奶家。
A: 奶奶为你们做了什么菜？
B: 奶奶烤的火鸡最好吃了！我们还吃了布丁。
A: 奶奶给了你什么礼物？
B: 她给了我一个杯子。杯子上有我的照片。
A: 你给奶奶买了什么？
B: 我给爷爷、奶奶买了一副象棋。我还教他们下象棋。他们很喜欢。

S108 44

A: 你们家庆祝中秋节吗?
B: 当然庆祝。妈妈还会买月饼给我们吃，晚上我们一家人出去赏月。我小时候妈妈还买灯笼给我玩儿。
A: 你喜欢吃月饼吗?
B: 我吃月饼，但是不太喜欢吃，因为月饼太甜了。
A: 你们家去年中秋节是在哪儿过的?
B: 在上海。我们去上海旅游了。
A: 端午节你们学校放假吗?
B: 放一天假。
A: 你看过赛龙舟吗? 吃过粽子吗?
B: 我看过赛龙舟，也吃过粽子。我喜欢吃粽子。
A: 你最喜欢哪个中国节日?
B: 我最喜欢过春节。

Einheit 4 Lektion 12

S113 46

1) A: 你想喝什么? 橘子汁儿还是可乐?
B: 我想喝可乐。
2) A: 快把西蓝花炒胡萝卜吃完!
B: 我不想吃。我最不喜欢这两种菜了。
3) A: 你想吃麻婆豆腐还是炸带鱼?
B: 我们在家常吃炸带鱼。我们叫一个麻婆豆腐吧。
4) A: 你吃草莓吗? 这里还有葡萄。
B: 我不吃草莓，我要吃葡萄。葡萄甜。
5) A: 桃子怎么卖? 李子呢?
B: 桃子十块钱四个。李子十块钱五个。
6) A: 你想吃炒菠菜还是炒芹菜?
B: 我从小就不爱吃芹菜。来一个炒菠菜吧。

S119 48

1) A: 你怎么不吃草莓? 今天的草莓又大又新鲜。
B: 我不吃。草莓太酸了!
2) A: 你喜欢吃四川菜吗?
B: 我不太喜欢。四川菜辣死了。
3) A: 你多吃一点儿菜，还有很多呢!
B: 我吃不下，今天的菜咸死了!
4) A: 今天的菜不咸不淡，味道正好，多吃点儿!
B: 我已经吃饱了。今天的菜做得太好吃了!
5) A: 你想喝咖啡还是茶?
B: 我不喝咖啡，太苦了! 绿茶比较好喝。
6) A: 快来吃西瓜，又大又甜!
B: 好。夏天我最爱吃西瓜了!

Einheit 5 Lektion 13

S125 50

A: 你在国外住过吗?
B: 住过。我是在英国出生的，十岁时来到了香港。
A: 你喜欢住在这里还是英国?
B: 我比较喜欢英国，因为那里房子

大，环境优美，非常清静。

A: 在英国的时候，你父母上、下班方便吗？

B: 方便。我爸爸、妈妈每人有一辆车。他们会接送我和弟弟上学、放学。

A: 你父母做什么工作？

B: 爸爸是警察，妈妈是律师。

A: 你喜欢现在住的地方吗？

B: 不太喜欢，可是生活挺方便的。

A: 你们最近会搬家吗？

B: 我想不会吧。

S129 52

A: 你们家住在哪儿？

B: 住在郊外。

A: 那里环境怎么样？

B: 环境十分清静，风景优美。

A: 那里交通方便吗？你父母怎么上、下班？

B: 挺方便的。有公共汽车、小巴、出租车，地铁站就在附近。我爸爸开车上班，我妈妈坐地铁上班。

A: 你有自己的房间吗？

B: 有。我的房间很大，非常舒适。

A: 从你的房间可以看到什么？

B: 可以看见小区里的洋房，还有停车场。

A: 你喜欢住在那里吗？

B: 非常喜欢，因为小区周围有很多花草树木，空气十分清新。

Einheit 5 Lektion 14

S136 54

A: 你喜欢旅游吗？

B: 喜欢。我每年都去国外旅游。

A: 你最近去哪儿旅游了？

B: 圣诞节期间，我们一家去了英国。

A: 你们去了哪些地方观光？

B: 我们去了伦敦、牛津大学和剑桥大学。

A: 牛津大学和剑桥大学，你比较喜欢哪一所？

B: 我比较喜欢剑桥大学，那里环境优美。

A: 你们有没有去唐人街看看？

B: 去了。我们还在那里吃了一顿午饭。

A: 有没有去牛津街购物？

B: 去了。我妈妈买了很多衣服。那里的衣服不便宜。

S141 56

在中国大使馆：

A: 我要办去中国的签证，这是我的护照。

B: 对不起，你的护照明天就过期了。

A: 那我怎么办？

B: 你要去加拿大大使馆申请新护照。

A: 办去中国的签证要几天才能取？

B: 一般要一个星期。

在加拿大大使馆：

A: 我要申请护照。

B: 你得先填申请表，然后交两张照片。取护照时再交四百五十块钱。

A: 大概几天能取？

B: 一般要四个星期，但因为你是特殊情况，所以明天下午一点以后就可以取了。你要去哪儿？有没有买机票？

A: 我们去北京。机票早已买好了。

Einheit 5　Lektion 15

S146　58

A: 你常生病吗？

B: 不常生病。

A: 你住过院吗？

B: 我住过一次院， 是上个月。

A: 你为什么住院？

B: 橄榄球训练的时候，我的头被队友撞伤了。

A: 你住了几天院？

B: 我住了一个星期。

A: 你的头现在还疼不疼？

B: 一点儿都不疼了。

A: 你现在还打橄榄球吗？

B: 当然打，但是比以前小心了。

S152　60

1) 方明的钱包不见了。他刚才上音乐课时把书包放在了教室的外面。下了课，书包还在，但是他发现钱包没了。

2) 美文的计算器丢了。刚才上数学课的时候她把计算器借给了同学，后来同学还给她了。可是下了课计算器就不见了。

3) 东海的文具盒不见了。他刚才上美术课时文具盒还在桌子上。

4) 超超的皮鞋不见了。上体育课前他把皮鞋放在更衣室了。上完体育课后，他发现皮鞋不在更衣室里。

5) 红红的手表不见了。她记得上游泳课前把手表放进了储物箱。上完游泳课，她打开储物箱，发现手表不在储物箱里。

6) 小山的毛衣不见了。刚才上地理课时，他把毛衣放在椅子上，下课时忘了拿回家了。